Ingrid Trobisch

Mit Freuden Frau sein

und was der Mann dazu tun kann

R. BROCKHAUS VERLAG WUPPERTAL

ABCteam

Bücher, die dieses Zeichen tragen, wollen die Botschaft von Jesus Christus in unserer Zeit glaubhaft bezeugen.

Das ABCteam-Programm umfaßt in seiner Hauptreihe:
A = aktuelle Themen
B = Berichte, Erzählungen, Lebensbilder
C = Christsein heute

Als Sonderreihen erscheinen Jugendbücher (J), Werkbücher (W), Glauben und Denken (G + D).

Außerdem gibt es Geschenkbücher in besonderer Ausstattung.

ABCteam-Bücher erscheinen in folgenden Verlagen:
Aussaat Verlag Wuppertal / R. Brockhaus Verlag Wuppertal
Brunnen Verlag Gießen / Christliches Verlagshaus Stuttgart
Oncken Verlag Wuppertal / Schriftenmissions-Verlag Gladbeck

1. Auflage August 1974
2. Auflage November 1974

Umschlaggrafik: Ralf Rudolph, Düsseldorf
Druck: Herm. Weck Sohn, Solingen
ISBN 3-417-00451-9

Meinem Mann und unseren Kindern Kathryn, Daniel,
David, Stephen, Ruth

VORWORT

Bei einer Zusammenkunft mit 60 Ehepaaren auf dem Hesselberg im September 1973 lernte ich die Verfasserin dieses Buches als Referentin kennen. Ich freute mich darüber, daß sie vielfach zu psychologischen Ergebnissen kam, an denen ich als biblischer Theologe selbst interessiert sein mußte.

Sie sprach ausdrücklich als Frau, aber alle ihre Ausführungen betrafen auch den Mann. Darum ist auch dieses Buch gerade für Männer geschrieben. Ingrid Trobisch will — das weiß ich gewiß — als Frau, Mutter und Christin sprechen und einen eigenen Beitrag zur Lösung wichtiger Fragen unseres Lebens geben. Ihr Lebensweg und der Beruf ihres Mannes sind eng miteinander verbunden. Beiden ist wichtig, ein feines Gehör dafür zu vermitteln, was sich im Leben, Fühlen und Wollen einer Frau abspielt.

Das, was Ingrid Trobisch uns hier sagt, ist so und in dieser Form unter uns noch nicht gesagt worden. Es sollte in aller Stille und Offenheit aufgenommen werden.

Tübingen, den 25. 1. 1974 Prof. D. O. Michel

Ich bin gern eine Frau

Es wird viele Frauen in unserer Zeit geben, die den Satz »Ich bin gern eine Frau« nicht aus vollem Herzen nachsprechen können.

Auch ich mußte in jedem Stadium meines Lebens neu lernen, mein Frausein voll zu bejahen: zunächst als alleinstehende und berufstätige Frau bis zu meinem 27. Lebensjahr, dann als verheiratete Frau, erst drei Jahre kinderlos und schließlich als Mutter von fünf Kindern.

Was mir auf diesem Wege, der nicht immer leicht war, hilfreich geworden ist, will ich hier weitergeben und sage gleich offen, daß ich mir dafür ebenso viel Männer als Leser wünsche wie Frauen.

Ingrid Trobisch

A-4880 St. Georgen
Österreich

INHALTSVERZEICHNIS

Die meisten Bibelstellen wurden nach Menge zitiert. Die Quellen der Zitate werden im Literaturverzeichnis nachgewiesen. Die Zahlen im Text entsprechen der Titelnumerierung hinten.

EINFÜHRUNG

Die Selbstannahme als Aufgabe

Mitte im kreisenden Rad

Meine Erfahrungen stammen aus verschiedenen Kulturkreisen. Ich bin in Amerika aufgewachsen, habe — erst unverheiratet, dann verheiratet — über ein Jahrzehnt in Afrika gelebt und lebe heute in Europa.

Gerade in Afrika habe ich besonders viel gelernt. Deshalb möge man sich nicht wundern, wenn davon auf den kommenden Seiten öfter die Rede ist. Die Afrikanerin lebt in einer viel stärkeren Verbundenheit mit allem Wachsenden als wir im westlichen Kulturkreis. In einem viel höheren Maße als wir weiß sie sich als Mitte im kreisenden Rad ihrer Familie. Sie ruht auf eine Weise in sich selbst — gerade auch im Tragen ihres Leides —, die ich immer bewunderte. Je besser ich meine afrikanischen Schwestern verstand, um so besser begann ich mich selber in meinen eigenen Grundhaltungen zu verstehen.

In Afrika liegen eben manche Dinge noch offen vor aller Augen da, die bei uns durch die sogenannte Zivilisation künstlich überdeckt werden. Gewisse Gefühlshaltungen und Einstellungen treten uns unverhüllt entgegen und helfen uns, uns selbst besser zu erkennen und zu begreifen.

Emanzipiert?

In der afrikanischen Gesellschaft gilt die Frau noch weithin als ein zweitrangiges Wesen. Wer wie ich lange Zeit in dieser Gesellschaft gelebt und das Leiden der Frauen mit eigenen Augen gesehen hat, der kann zutiefst verstehen, aus welchen Quellen sich das Emanzipationsstreben der Frau nährt, von dem heute bei uns so viel die Rede ist. Mit großer Selbstverständlichkeit betrachtet der afrikanische Mann die Frau als seinen Besitz. Er spricht von seiner Frau wie von seinem Haus und von seinem Feld. Ja, er betrachtet die Frau geradezu als eine Art Ackerboden, in den er seinen Samen sät, und wie der Sämann wichtiger ist als der Boden, so gilt der Mann mehr als die Frau. Sie ist nur Durchgangsstufe, nur Mittel zum Zweck. Denn wie der Halm aus dem Samenkorn, so wächst das Kind aus dem Samen des Mannes und gehört daher auch ihm. Die Frau ist »nur« Nährboden. Da aber die Söhne als Samenträger das Leben weitergeben, sind sie wichtiger als die Töchter.

Natürlich beruht dieses Denken auf falschen biologischen Vorstellungen. Aber es gibt die einleuchtendste Erklärung ab für die Diskriminierung der Frau, die quer durch fast alle Kulturen der Welt geht. Haben wir sie im westlichen Kulturkreis schon voll überwunden? Mehr in den unbewußten als in den bewußten Haltungen und Handlungen schimmert sie immer noch unter der Oberfläche durch.

Denken wir nur an die vielen Benachteiligungen, denen gerade auch die unverheiratete Frau, die nicht das »Glück« hatte, »Besitz« eines Mannes und »Nährboden« seines Samens zu werden, heute noch in unserer Gesellschaft ausgesetzt ist. Noch immer ist es für eine ledige Frau problematisch, allein abends auszugehen, in einem Restaurant zu essen, einen Urlaub zu verbringen!

Sagt ein Vater, er habe drei Kinder, kann man mit großer Wahrscheinlichkeit annehmen, daß er drei Töchter hat. Sonst hätte er vermutlich gesagt, er habe drei Söhne. Ein Pfarrer erzählte mir, daß, als auch sein zweites Kind »nur« ein Mädchen war, sich Glieder seiner bäuerlichen Gemeinde allen Ernstes gefragt hätten, ob sie ihn beglückwünschen sollten. So weit von Afrika sind wir also nicht.

Mit dem allen will ich sagen, daß der Kampf um die Gleichberechtigung der Frau, der sie nicht auf das Haus beschränken, sondern ihr eine eigene Stellung in der Gesellschaft verschaffen soll, durchaus seine Berechtigung hat. Doch leider ging die sog. Frauenbewegung, die dem Emanzipationsstreben der Frau zum Durchbruch verhelfen wollte und die sich in Amerika »Women's Liberation

Movement« — »Befreiungsbewegung der Frauen« — nennt, bisher einen falschen Weg und erreichte daher genau das Gegenteil von dem, was sie erreichen wollte.

Mit erstaunlicher Naivität übernahm sie nämlich von dem afrikanischen Gartendenken das Vorurteil, alles Frauliche sei minderwertig, und folgerte daraus: Nur d i e Frau könne als emanzipiert gelten, die möglichst männlich ist. Je mehr es ihr gelinge, das Frauliche zu verdrängen und sich dem Mann anzugleichen — angefangen bei Haarschnitt und Kleidung bis hin zur Gefühlswelt, ja bis hinein ins sexuelle Erleben —, um so mehr könne diese angepaßte »Männin« sich selbst bejahen und würde dann auch vom Mann als gleichwertig anerkannt werden.

Das aber ist ein folgenschwerer Irrtum. Gerade durch die Angleichung an den Mann und die Verleugnung des Weiblichen in ihr verlor die Frau, was ihr Eigenstes war: Das Umworbenwerden von seiten des Mannes. Der emanzipierten Männin kann und will der Mann nicht mehr einen Sitzplatz anbieten, noch den Mantel oder die Tür halten. Sie ist für ihn nicht eroberungswürdig.

Als meine achtzehnjährige Tochter mit einem Gipsfuß auf einer Studentenkonferenz ankam, nahm ihr keiner den Koffer ab. Die »fortschrittlichen« Studenten behandelten sie als »emanzipiert«.

In einer deutschen Stadt stand ein Auto geparkt. Am hinteren Fenster war mit Angabe einer Telefonnummer zu lesen: »Wer will für 24 Stunden eine Sklavin mieten?«

Das beleuchtet schlaglichtartig, wohin der falsche Weg der Emanzipation führt. Die Dinge schlagen ins Gegenteil um. Völlig logisch und »gerecht« reagiert der Mann auf die Frau, die das Frauliche für etwas Minderwertiges hält, indem er sie genauso behandelt, wie sie sich fühlt.

Man verstehe mich nicht falsch: Es geht mir nicht darum, dem berechtigten Emanzipationsstreben der Frau Einhalt zu gebieten und den Versuch zu machen, das Rad der Geschichte zurückzudrehen. Die Aufgabe, die ich mir gestellt habe, stellt sich anders dar: Ich möchte der e m a n - z i p i e r t e n Frau helfen, ihre Weiblichkeit zu bewahren.

Denn die Weiblichkeit der Frau wie auch die Männlichkeit des Mannes ist das von Gott Gemeinte, ist miteinander Ebenbild Gottes (1. Mose 1,27).

Der Weg, den ich vorschlage und den ich selbst gegangen bin, ist deshalb genau der Umgekehrte: Ich behaupte, daß nicht die Frau »emanzipiert« ist, die sich dem Mann angleicht, sondern diejenige, die sich gerade in ihrem Anderssein als Frau voll bejaht. Nur ihr wird der Mann seine Anerkennung nicht verweigern, nur um sie wird er werben und kämpfen, während er auf die konkurrierende »Männin« feindlich und verächtlich reagiert. Denn sie macht es ihm unmöglich, ganz Mann zu sein. Indem sie den Graben zuschüttet zwischen den Geschlechtern, verschüttet sie ihm die besten schöpferischen Kräfte.

Ein Mann, der in voller Schaffenskraft im Berufsleben stand, wurde gefragt, wie es komme, daß er so in Frieden mit sich selber lebe. Er antwortete ohne Zögern: »Weil meine Frau mit sich selbst im Einklang lebt und daher auch mit der Welt und mit mir.«

Am 14. Mai 1904 schrieb der Dichter Rainer Maria Rilke, also ein Mann, in einem Brief folgende heute fast prophetisch anmutenden Worte:

»Das Mädchen und die Frau in ihrer neuen, eigenen Entfaltung werden nur vorübergehend Nachahmer männlicher Unart und Wiederholer männlicher Berufe sein. Nach der Unsicherheit solcher Übergänge wird sich zeigen, daß die Frauen durch die Fülle und den Wechsel jener (oft lächerlichen) Verkleidungen nur gegangen sind, um ihr eigenstes Wesen von entstellenden Einflüssen des anderen Geschlechts zu reinigen. Die Frauen, in denen unmittelbarer, fruchtbarer und vertrauensvoller das Leben verweilt und wohnt, müssen ja im Grunde reife Menschen geworden sein, menschlichere Menschen als der leichte, durch die Schwere keiner leiblichen Frucht unter die Oberfläche des Lebens herabgezogene Mann, der, dünkelhaft und hastig, unterschätzt, was er zu lieben meint.«[1]

Es geht also bei der Emanzipation der Frau nicht um billige Angleichung und Einholung des Mannes, sondern um etwas viel Teureres, Schwierigeres und Lohnenderes: Um die Selbstannahme der Frau in ihrem Anderssein, in ihrem Einmaligsein als Frau.

Sich selbst annehmen und lieben

Romano Guardini prägte in seiner Schrift »Die Annahme seiner selbst« folgende Sätze:

»An der Wurzel von allem liegt der Akt, durch den ich mich selbst annehme. Ich soll damit einverstanden sein, der zu sein, der ich bin. Einverstanden, die Eigenschaften zu haben, die ich habe. Einverstanden, in den Grenzen zu stehen, die mir gezogen sind ... Die Klarheit und Tapferkeit dieser Annahme bildet die Grundlage alles Existierens.«[2]

Daraus wird deutlich, daß die Aufgabe der Selbstannahme dem Mann genauso gestellt ist wie der Frau. Alles, was ich in diesem Abschnitt sage, gilt daher in abgewandelter Form genauso für den Mann. Wie der oben zitierte Mann sich nur als Mann annehmen konnte, weil seine Frau sich voll als Frau bejahte, so kann auch nur die Frau sich ganz als Frau annehmen, deren Mann sein Mannsein voll bejaht. In dieser Selbstbejahung besteht die größte Hilfe des Mannes für die Frau.

Daher wiederhole ich: Wenn ich auch alles, was ich hier schreibe, nur als Frau sagen und von der Frau her empfinden kann, so wünsche ich mir doch als Leser auch Männer — wie ich ja auch jeden Satz im Dialog mit meinem eigenen Mann niederschreibe.

Es ist etwas Eigenes um das Wort »Annahme«. In letzter Zeit ist man dazu übergegangen, es an Stelle des Wortes »Liebe« zu verwenden. Ich empfinde das zunächst einmal als etwas Wohltuendes. Denn so wird dem romantischen und sentimentalen Mißverständnis wie auch dem einseitig sexuellen Verständnis des Wortes »Liebe« gewehrt.

Vor allem aber wird so der Irrtum vermieden, als sei Selbstliebe, sprich: Selbstannahme, dasselbe wie Ichsucht und Egoismus. Von diesem Irrtum her hat man das biblische Gebot: »Liebe deinen Nächsten wie dich selbst« (3. Mose 19,18) oft so ausgelegt: Jeder Mensch sei von Natur Egoist und denke nur an sich selbst. So solle es aber nicht sein, sondern wir sollten unseren Nächsten lieben.

Das Gebot lautet aber nicht: Liebe deinen Nächsten a n s t a t t deiner selbst, sondern »Liebe deinen Nächsten w i e dich selbst«. Es macht die Selbstliebe zur Voraussetzung und zum Maßstab für das Verhalten zu unserem Nächsten. Das heißt: Nicht weil wir uns selbst zu sehr lieben, sind wir unfähig, unseren Nächsten zu lieben, sondern weil wir uns selbst nicht genug lieben und annehmen, fällt es uns so schwer, unseren Nächsten zu lieben und anzunehmen.

Selbstliebe im Sinne solcher Selbstannahme ist nämlich das genaue Gegenteil von Egoismus und Ichhaftigkeit. Gerade wer sich selbst noch nicht angenommen und sein Selbst noch nicht gefunden hat, ist unfähig, sich selbst loszulassen und im wörtlichen Sinne selbst-los zu werden, sich zurückzustellen, zu verleugnen, aufzugeben und hinzugeben. Gerade weil er sein Selbst noch nicht gefunden hat, muß er es ständig suchen und wird selbstsüchtig, ichsüchtig.

Von daher fällt ein Schlaglicht auf die Süchte unserer Zeit. Die Süchtigen suchen alle sich selbst und meinen sich selbst zu finden in der kurzen Zeitspanne von Rausch und Traum. Unsere Zeit ist so süchtig, so selbstsüchtig, weil es so wenig Selbstliebe, Selbstfindung, Selbstannahme gibt.

Wenn das aber so ist, wenn also die Selbstliebe die Voraussetzung zur Nächstenliebe ist, dann ist uns allen, Männern wie Frauen, eine ernste Aufgabe gestellt. Wir müssen uns fragen: Habe ich mich selbst schon voll angenommen? Mit meinen Gaben? Mit meinen Grenzen? Mit meinen Gefahren? Habe ich mein Geschick angenommen? Mein Geschlecht? Meine Sexualität? Mein Alter? Sage ich ja zu meiner Ehe? Zu meinen Kindern? Zu meinen Eltern? Ja zu meiner Ehelosigkeit? Ja zu meiner materiellen Lage? Zu meiner Krankheit? Zu meinem Aussehen?

Wir merken an diesen Fragen, wie schwer uns die Selbstannahme fällt. Wir empfinden sie gerade nicht als etwas Natürliches und Selbstverständliches. Sie geht uns eher »gegen den Strich«, und wir verstehen, warum Romano Guardini von der »Tapferkeit« der Selbstannahme spricht.

Diesen Tatbestand bestätigt uns die Psychologie. Dr. med. Guido Groeger schreibt in einem Berichtsbrief über Afrika, veranlaßt durch Beobachtungen kirchlicher Arbeiter auf Missionsstationen:

»Es scheint die Anschauung vorzuherrschen, als sei es selbstverständlich, daß jeder Mensch sich selbst liebt und es lediglich darauf ankomme, ihn ständig dazu anzuhalten, andere zu lieben ... Der Tiefenpsychologe jedenfalls hat zu konstatieren, daß es keine angeborene Selbstliebe des Menschen gibt. Sie wird entweder erworben oder nicht. Wer sie nicht oder nur ungenügend erwirbt, ist auch nicht oder nur ungenügend zur Liebe anderen wie auch Gott gegenüber fähig. — Es ist nun aber nicht nur so, daß die Fähigkeit zur Selbstannahme in der frühen Kindheit gelegt wird. Es stellt sich auch so dar, daß der Mensch auch als Erwachsener in unterschiedlicher Häufigkeit und Stärke, je nach den Situationen seines Lebens, der Bestätigung, der Annahme bedarf. Weil das weithin im kirchlichen Bereich nicht praktiziert wird, entsteht die Gestalt des pflichtgemäß Liebenden, der damit nicht nur andere, sondern auch sich selbst quält. Oft genug wird auch die Berufswahl auf Grund eines solchen Liebesdefizits vorgenommen: wonach man selbst Bedarf trägt, hofft man dadurch zu erhalten, daß man sich um andere müht. Aber dies ist eine Fehlrechnung.«

Wenn das stimmt, wenn uns die Selbstliebe nicht angeboren ist, wie kann sie dann erworben werden? Der Psychologe würde antworten: »Nur dadurch, daß ich mich von anderen bestätigt, angenommen, geliebt weiß.«

Mit dieser Auskunft sind wir einem Teufelskreis überlassen. Einerseits können wir nur andere annehmen, wenn wir uns selbst annehmen. Andererseits können wir nur uns selbst annehmen, wenn wir von anderen angenommen werden.

Wenn das aber nicht geschieht? Wenn das Liebesdefizit von nirgendwoher aufgefüllt wird? Dann bleibt nur die Flucht in die Sucht. Dann bleiben wir hoffnungslos allein. Dann fängt der Teufelskreis an, sich zu drehen. Wir lieben nicht, weil wir nicht geliebt werden, und werden nicht geliebt, weil wir nicht lieben.

An diesem Punkt wird deutlich, daß die Frage der Selbstannahme im Grunde eine Glaubensfrage ist. Nur vom Glauben her kann sie beantwortet werden, kann die Arbeit der Selbstannahme gelingen. Die Psychologie kann den Teufelskreis beschreiben, erklären, aber sie hilft uns nicht heraus. Er muß von außen durchbrochen werden.

In seinem Brief an die Gemeinde in Rom schrieb der Apostel Paulus den Satz: »Nehmet euch gegenseitig an, wie auch Christus euch zu Gottes Verherrlichung angenommen hat« (Röm. 15,7).

Jesus Christus ist der Einbruch von außen in den Teufelskreis, die einzige Macht, die ihn sprengen und zum Stillstand bringen kann — zur Verherrlichung Gottes. Er nimmt uns bedingungslos an und liebt uns selbst noch da, wo wir uns nicht mehr selber lieben können. Wer sich von Christus angenommen weiß, kann auch sich selbst annehmen — und dann andere.

Die Emanzipationsbewegung der Frau, die von der Nichtannahme der Frau als Frau ausgeht, ist darum im Grunde eine glaubenslose, eine heidnische Bewegung. Sie denkt von heidnischen Voraussetzungen her und endet wieder im Heidentum. Und anstatt die Frau aus der Sklaverei zu befreien, führt sie sie gerade erst hinein.

Ich möchte dieses Buch bewußt als ein Zeugnis meines Angenommenseins durch Jesus Christus schreiben. Ich wünschte, daß das aus jeder Zeile herausgehört wird, auch wo es nicht ausdrücklich gesagt ist. Nur weil ich mich durch Christus angenommen und geliebt weiß, kann ich mich als Frau voll annehmen und von ganzem Herzen sagen: Ich bin mit Freuden Frau.

An der Annahme durch Christus wird nun aber deutlich, daß Liebe doch mehr ist als bloße Annahme. Zwar nimmt uns Christus an, wie wir sind; aber wen er annimmt, der kann nicht so bleiben, wie er ist. Nach einem Wort Luthers liebt die Liebe Gottes nicht das Liebenswerte, sondern sie s c h a f f t das Liebenswerte. Liebe gibt sich nicht mit Annahme zufrieden. Sie verwandelt. Sie arbeitet. Sie meißelt das Bild heraus, das Gott haben will.

Deshalb kann Selbstannahme nicht heißen, daß ich die Hände in den Schoß lege und sage: »Ich bin eben so. Da kann man nichts machen.« Im Gegenteil: Die Selbstannahme auf Grund des Angenommenseins durch Christus entbindet mich nicht von der Arbeit an mir selbst, sondern ermöglicht sie erst und macht sie verheißungsvoll und hoffnungsvoll.

Meinen Leib annehmen und lieben

Noch einmal: Alles, was ich bisher über die Selbstannahme sagte, gilt für die Frau genauso wie für den Mann. Dennoch will es mir scheinen, als fiele es der Frau relativ schwerer als dem Mann, sich selbst anzunehmen.

Dafür sehe ich zwei Gründe: Der eine liegt wohl in der — bewußten oder unbewußten — Herabsetzung der Frau in unserer Gesellschaft. Den anderen Grund deutet Rilke in dem zitierten Brief an. Die Frau ist in ungleich tieferer Weise dem Leiblichen verhaftet, und die Aufgabe, sich ganz als Frau zu bejahen, ist vor allem auch die, sich ganz in ihrem körperlichen Dasein anzunehmen.

Die Gestalt des körperlichen Daseins ist bei der Frau vielschichtiger als beim Mann. Das Erleben sexueller Freude ist bei ihm wesentlich unkomplizierter und geradliniger. Seine Funktion bei der Zeugung ist einfacher im Vergleich mit dem Vorgang des Empfangens. Das Geschehen von Zyklus, Schwangerschaft, Geburt und Stillen bleibt ihm fremd, ihm, der, um mit Rilke zu sprechen, »durch die Schwere keiner leiblichen Frucht unter die Oberfläche des Lebens« herabgezogen wird.

Darum gehört zur Selbstannahme der Frau die Annahme des körperlichen Erlebens in weit höherem Maße als beim Mann. Sie hat Schwereres anzunehmen als er, und darum ist es verständlich, daß hier bei vielen Frauen ein wunder Punkt liegt, gerade auch bei solchen, die sich von Christus angenommen wissen.

Das kommt daher, daß unter uns immer noch das Mißverständnis lebt, als sei der geistliche und geistige Bereich unseres Lebens Gott näher, wohlgefälliger, als sei er »christlicher« als der körperliche. Die Bibel, die den Leib als einen »Tempel des Heiligen Geistes« bezeichnet (1. Kor. 6,19), bezeugt genau das Gegenteil: Je echter und tiefer unser Glaube ist, desto mehr sind wir in der Lage, im Frieden mit unserem eigenen Körper zu leben. Ich habe erfahren, daß, je besser ich meine körperliche Beschaffenheit kennenlernte und je mehr es mir gelang, im Einklang mit ihr zu leben, der Friede mit mir selbst um so tiefer wurde. Das gilt auch für meinen Frieden mit Gott. Ja, ich kann sagen, daß das Verhältnis, das ich zu meinem Körper habe, seinen Niederschlag findet in dem Verhältnis, das ich zu meinem Gott habe. Lebe ich in Unfrieden mit meinem Körper, dann lebe ich auch in Unfrieden mit meinem Gott.

Das ist der Grund, weshalb im folgenden das körperliche Erleben der Frau so oft im Vordergrund stehen wird. Denn ich weiß aus vielen Gesprächen mit Frauen aus allen Erdteilen, daß gerade ihr Körper es ihnen schwer macht, sich selbst anzunehmen und wirklich mit Freuden Frau zu sein.

Das gilt nicht nur für die verheiratete Frau in der Blüte ihrer Jahre, sondern auch für die Frau in den Wechseljahren und darüber hinaus. Aber es gilt ebenso für die unverheiratete Frau und für das Mädchen in der Pubertät. Jede Frau muß in jeder Phase ihres Lebens neu lernen, die biologischen Prozesse in ihrem Körper zu verstehen und im Einklang mit sich selbst zu leben.

Der Schweizer Arzt Paul Tournier berichtet in seinem Buch »Geborgenheit« von einer Patientin, die, wenn sie in ein Hotelzimmer kam, zuerst alle Spiegel umdrehte. Sie konnte den Anblick ihrer selbst nicht ertragen, vor allem nicht, wenn sie unbekleidet war. Sie hatte ihren Körper nicht angenommen. Sie hatte noch nicht gelernt, dankbar zu sein für ihren Körper und »sich selbst zu umarmen«.

Die Erkenntnis, daß geistliche Konflikte den Menschen körperlich erkranken lassen können, gehört für uns heute zur Selbstverständlichkeit. Wir haben jedoch viel zu wenig den umgekehrten Schluß gezogen: Körperliche Konflikte können unser geistliches Leben beeinträchtigen und stören.

Darum nochmals: Aus diesem g e i s t l i c h e n Grunde rede ich auf den kommenden Seiten vorwiegend vom l e i b l i c h e n Erleben der Frau.

Im Unterschied zum Mann, der hier eigentlich nur einen Erlebnisbereich kennt, nämlich den der körperlichen Vereinigung, kennt die Frau mehrere Erlebnisbereiche, die alle zutiefst miteinander zusammenhängen und nicht auseinandergerissen werden dürfen. Deshalb soll im folgenden die Rede sein

I. Von der Freude beim Liebesakt;
II. Von dem Frieden, der ihr zuteil wird, wenn sie in Harmonie mit ihrem Zyklus und ihrer Fruchtbarkeit lebt;
III. Von der Vorfreude in der Zeit der Schwangerschaft und Vorbereitung auf die Geburt;
IV. Von der tiefen Erfüllung, die sie im Erleben von Geburt und Mutterschaft erfährt;
V. Vom Beglücktwerden beim Stillen ihres Kindes, jener großen Möglichkeit, ihr eigenes Angenommensein weiterzugeben an ihr Kind;
VI. Und schließlich von der Chance zum Neuanfang im Klimakterium.

1. Kapitel

Von der Freude am Liebesakt

Freude — nur für den Mann?

... dieser Leib ... gequält ...
In der Glut unserer Vereinigung
erreicht er so selten die Höhe!
Obwohl ich es von ganzem Herzen will
und all mein Wollen anspanne,
es geschieht nichts.
Es ist, als wenn ein Motor nicht startet —
oder er startet, aber er braucht zu lange,
bis er auf Touren kommt
und dann läuft er leer.
Ich hasse mich selbst.
Ich beginne diese Nächte zu fürchten,
die uns einander nicht näher bringen!
Jean scheint zufrieden zu sein.
Ist er es wirklich?
Ich verberge vor ihm mein Unerfülltsein,
aber er kann mir nicht helfen.
Freude — ist sie etwa nur für den Mann da?
Aber welchen Sinn hat Freude, die nicht geteilt
werden kann?
Die Spannung wächst in mir. Wohin soll das führen?
Ich weiß es nicht.

Ancelle[5]

Viele Frauen in der ganzen Welt werden im tiefsten Herzen nachempfinden, was die Autorin, die sich »Ancelle« nennt, in diesem Gedicht zum Ausdruck bringen will. Sie versucht, das Leiden und die Qual einer Frau in Worte zu fassen, der die Mitfreude am Liebesakt in ihrer Ehe versagt ist. Vergleicht man Studien der Weltliteratur, so hat man den Eindruck, daß sich die meisten Frauen am Liebesakt nicht voll mitfreuen können. Ich weiß es von

Afrika her, aber es gilt wohl auch von anderen Kulturen, daß der Gedanke, auch die Frau könne bei der ehelichen Vereinigung Freude und Erfüllung finden, mehr oder weniger fremd ist. Weithin glaubt man, sexuelles Lustempfinden sei ausschließlich dem Manne vorbehalten, und mir scheint, daß trotz der Aufklärung durch Illustrierte selbst in unserem Kulturkreis unbewußt diese Einstellung noch mitschwingt.

Diese Auffassung teilt die Bibel nicht. Sexuelle Freude ist eine Gabe Gottes an b e i d e , an den Mann wie an die Frau. Ich möchte den Frauen Hoffnung machen, die empfinden wie Ancelle. Haben wir nicht einen Gott, »der uns alles reichlich zum Genießen darbietet«? (I. Tim. 6,17). Ich möchte sie an das Geheimnis heranführen, wie auch sie zur vollen Erfüllung bei der leiblichen Vereinigung kommen können.

Um es gleich zu sagen; das Geheimnis liegt in der Selbstannahme der Frau als Frau und gerade der Annahme ihres Leibes mit seinen besonderen Erlebnisweisen. Darum ist es nötig, die Unterschiedlichkeit zwischen Mann und Frau kurz zu schildern. Denn gerade in diesem Anderssein drückt sich der Reichtum der Schöpfung aus. Die Aufgabe besteht darin, daß jeder sein Anderssein voll annimmt — um einander zu ergänzen und zu beschenken und um so miteinander eins werden zu können.

Pfeil und Spiegel

Worte und Bilder können sich nur an das Geheimnis dieses Andersseins im Einswerden herantasten. Kein Wort erfaßt das Geheimnis ganz, kein Bild sagt es in seiner Fülle aus.

Mein Mann hielt einmal in Afrika einen Vortrag über die Ehe und die Aufgabe, eins zu werden. Ich erinnere mich, wie ein älterer afrikanischer Pfarrer in dem überfüllten Saal aufstand und meinen Mann mit feierlicher, vor Bewegung zitternder Stimme fragte: »Wie ist das möglich? Wie können zwei eins werden?« Es wird Geheimnis bleiben. Man kann es nicht erklären. Man kann es nur zu leben versuchen, um es dann staunend zu erleben.

Um das Anderssein im Einssein anzudeuten, hat Dr. Bovet vorgeschlagen, den Mann als Haupt der Eheperson zu bezeichnen und die Frau als das Herz. Damit soll kein Werturteil gefällt sein im Sinne eines patriarchalen Herrschaftsanspruchs, es soll vielmehr auf die Dienstfunktion des Mannes in der Ehe hingewiesen werden mit seiner Gabe, die mehr dem Denken zuneigt als dem Fühlen. Er würde, wenn er nach reiflicher Überlegung eine Entscheidung gefällt hat, eher sagen: »Nach meiner Überzeugung . . .« Die Frau hingegen, gemäß ihrer größeren Gabe der Intuition, ist eher geneigt zu sagen: »Nach meinem Empfinden . . .«

Doch es versteht sich, daß diese Bilder nichts Absolutes aussagen wollen, sondern nur Relatives andeuten. Denn ein Mann fühlt ja auch und eine Frau denkt ja auch. Ebenso verhält es sich mit den anderen Bildern, durch die Dr. Bovet die Verschiedenheit der Funktion von Frau und Mann beschreibt. Er vergleicht den Mann mit dem Kapitän eines Schiffes, während die Frau für die Passagiere sorgt; mit dem Architekten eines Hauses, während die Frau mehr die Innendekorateurin ist, die es ausgestaltet, mit ihrer Gegenwart erhellt, in ein gemütliches Heim verwandelt und so ihren eigensten Aufgaben nachkommt, eine Atmosphäre zu schaffen.

Das medizinische Symbol für das männliche Geschlecht ist bekanntlich der Kreis mit dem nach rechts gerichteten Pfeil. Es ist das alte astronomische Zeichen für den Planeten Mars. Der Mann wird also gemäß seinem mehr nach außen, der Welt zugewandten Interessenbereich mit einem Pfeil verglichen. Der Kreis mit dem Kreuzgriff ist das medizinische Symbol für das weibliche Geschlecht, das Symbol des Spiegels, einst das Zeichen des Planeten Venus. Ich vergleiche die Frau gerne mit einem Spiegel. Sie liebt und strahlt die erhaltene Liebe zurück.

Grasfeuer und Holzkohlenglut

Dieses Anderssein von Mann und Frau kommt nun auch darin zum Ausdruck, daß sie die geschlechtliche Vereinigung anders erleben. Die Bibel verwendet für dieses Erleben das Wort »erkennen« und will damit sagen, daß es sich hier nicht nur um einen rein körperlichen Vorgang handelt, sondern auch um ein seelisches Geschehen. Es geht um ein tiefes inneres gegenseitiges »Erkennen«. Aber gerade dieses Erkennen und Verstehenlernen setzt voraus, daß auch die körperlichen Vorgänge in der ganzen Tiefe ihrer Bedeutung erfaßt werden.

Für den Mann ist der Liebesakt etwas zeitlich Gebundenes. Sein physisches Verlangen ist schnell erregt und ebenfalls schnell befriedigt. Er braucht keine lange Vorbereitung. In relativ kurzer Zeit kann er den Höhepunkt erreichen und sich dann sofort wieder anderen Dingen und Interessen zuwenden. Wie ein Pfeil geht er geradlinig auf sein Ziel los. Die Kurve seines Lustgefühls steigt steil an und, wenn der Höhepunkt erreicht ist, fällt sie fast augenblicklich wieder auf den Nullpunkt zurück.

Bei der Frau ist das anders. Sie braucht viel mehr Zeit. Ihr sexuelles Empfinden steigt langsam und allmählich an. Sie erlebt die Höhe nicht als einen Punkt, sondern als eine Hochfläche. Von dieser Hochfläche steigt sie ebenso langsam und stetig ab, wie sie sie erklommen hat.

Eine meiner afrikanischen Schwestern, Frau Ernestine Banyolak, fand folgenden Vergleich für das unterschiedliche Erleben von Mann und Frau: Das Erleben des Mannes ist wie Grasfeuer; leicht entzündbar, schnell auflodernd und rasch erlöschend. Das Erleben der Frau hingegen ist wie Holzkohlenglut, die der Mann mit Geduld zum Brand entfachen muß und die nach dem Aufflammen noch tief und lange weiterwärmt.

Darum ist die zeitliche Begrenztheit des männlichen Erlebens für eine Frau so schwer zu verstehen. Für sie ist der »Liebesakt« streng genommen eben nicht ein »Akt«, eine Handlung mit abgestecktem Beginn und Ende, sondern ihr

Lieben ist gewissermaßen immer da. Ihr Denken und Fühlen ist auch dann auf ihren Mann bezogen, wenn sie wäscht, kocht, näht oder ihr Haus sauber macht. Sie kann Körper und Seele nicht trennen.

»Nichts ist drinnen, nichts ist außen.
Denn was drinnen ist, ist draußen.«

Liebendes Sehnen und sexuelles Verlangen sind für sie eine Einheit und durchwirken ihr ganzes Leben. Darum hat sie, wenn das sexuelle Verlangen zur Erfüllung kommt und sie von ihrem Mann zum Frieden gebracht wird, fast übernatürliche Kräfte. Mit Leichtigkeit meistert sie dann all die Kleinigkeiten, aus denen ihr Alltag besteht. Friede und Erfülltsein schenken ihr eine Lebensfreude, die ausstrahlt und ansteckt.

Um diese Lebensfreude geht es mir, wenn ich nun ganz offen und konkret vom Erleben des Orgasmus spreche. Dabei bin ich weit davon entfernt zu behaupten, daß das Glück einer Ehe von diesem Erleben abhängt, wie es uns heute viele Illustrierten weismachen wollen. Ich weiß auch, daß Frauen verschieden veranlagt sind und daß es Frauen gibt, die das, was ich jetzt beschreiben will, nicht erleben oder nicht so erleben und die trotzdem im Einklang mit sich selber sind. Sie sollen sich, wenn sie das Folgende lesen, nicht als »Sexualkrüppel« vorkommen, und vor allem sollen ihre Männer ihnen keine Vorwürfe machen oder sich gar schuldig fühlen. Ich will niemandem seinen Frieden nehmen. Aber vielleicht kann ich manchem Ehepaar eine bisher noch nie gekannte Dimension des gegenseitigen Erkennens und Einswerdens öffnen.

Der Orgasmus ist gewiß nicht die Voraussetzung einer guten Ehe. Aber er kann und darf die Frucht einer guten Ehe sein. Und zwar eine *erstrebenswerte* Frucht! Wem Gott nun diese Frucht schenken will und wer sie sich verscherzt, weil er buchstäblich zu faul ist, um an seiner Ehe zu arbeiten und sich darüber zu informieren, wie er geschaffen ist, der wird schuldig. Das möchte ich vor allem auch Christen sagen, die sich zu »fromm« vorkommen, um sich mit einer so »weltlichen« Sache zu befassen.

Sie nehmen den Satz nicht ernst, den sie jeden Sonntag im Glaubensbekenntnis bekennen: »Ich glaube an Gott, den Schöpfer«, der sie doch so, wie sie sind, geschaffen hat.

Planschbecken und Bergsee

Für mich kann es keinen Zweifel darüber geben, daß es für die Frau zwei verschiedene Erlebnisweisen sexueller Lust gibt. Die eine möchte ich mit dem Spiel eines Kindes in einem Planschbecken vergleichen, das dabei zweifellos, da es noch nicht Schwimmen kann, eine gewisse Befriedigung erfährt. Die andere aber gleicht dem Untertauchen und Schwimmen im tiefen, klaren Wasser eines Bergsees.

Dr. Rudolf Affemann kommt interessanterweise auf das verschiedene Erleben der Frau im Zusammenhang mit dem sogenannten »Petting« zu sprechen. Damit ist das gegenseitige Manipulieren der Geschlechtsorgane gemeint. Das Petting wird heute vielfach in den vorehelichen Beziehungen praktiziert, um Lust zu erleben, ohne eine Schwangerschaft herbeizuführen.

An dem folgenden Zitat wird deutlich, daß die Weichen schon in der vorehelichen Zeit gestellt werden können, und daß die Not, die Ancelle in dem eingangs zitierten Gedicht beschreibt, in der Lebensweise der Ehepartner vor der Ehe ihre Wurzel haben kann. Dr. Affemann schreibt[8]:

»Das Petting wurde an amerikanischen Colleges zu einer speziellen Form des sexuellen Verhaltens entwickelt. Bei vielen Collegegirls, die intensiv Petting betrieben hatten und später heirateten, machten amerikanische Ärzte eine zuerst erstaunliche Entdeckung. Diese Frauen waren frigide. Vor allem waren sie nicht in der Lage, einen Orgasmus beim Geschlechtsverkehr zu erleben.

Aufgrund der Entdeckungen Freuds läßt sich diese Erscheinung leicht verstehen. Freud zeigte, daß die Frau zwei genitale Erregungszonen besitzt. Die eine gruppiert sich um die Klitoris. Da die Klitoris[7] die stärksten Erregungen abgibt, nennt Freud diese Zone die der klitorialen Erregbarkeit. Der andere Bereich genitaler Empfindungen wird durch die Schleimhaut der Scheide, der Vagina vermittelt. Freud spricht demzufolge von vaginaler Erregbarkeit. Die Sexualität des kleinen Mädchens ist nach Freud auf den Kitzler zentriert, die der reifen Frau an die Scheide gebunden.

Reifungsaufgabe der weiblichen Sexualität ist die Verlagerung intensivster Erlebnisfähigkeit aus dem Klitorialbereich in den Vaginalraum. Oder anders gesagt: Die Sexualität soll vom klitorialen Orgasmus des Mädchens zum vaginalen Orgasmus — oder Scheidenorgasmus — der Frau hinführen.

Bei der reifen Frau liegt demnach der Schwerpunkt ihres sexuellen Erlebens in der Scheide. Die von der Klitoris und den kleinen Schamlippen ausgehende Erregung hat nur — um mit den Worten Freuds zu reden — die Funktion, Vorlust zu liefern, die zur Endlust des vaginalen Orgasmus im Geschlechtsverkehr hindrängt. Wird nun beim Mädchen mittels Petting ständig ein klitorialer Orgasmus ausgelöst, so tritt eine Fixierung der Sexualität an diese Form, an diese Art des sexuellen Erlebens, sowie eine Bindung an die kindliche Erregungszone ein. Der Prozeß der Verschiebung der Erregbarkeit aus der Klitorialgegend in die Vaginalschleimhaut wird behindert. Es unterbleibt also in mehr oder weniger starkem Ausmaß die Heranreifung zur Fähigkeit, einen vaginalen Orgasmus zu erleben.

Aus einem weiteren Grunde führt Petting oft zu einer Einschränkung des Erlebens beim Geschlechtsverkehr. Die Jugendlichen, die extensiv Petting ausüben, befinden sich häufig noch auf der autoerotischen Entwicklungsstufe. Indem durch Petting Spannung in Lust umgesetzt wird, geht Antriebskraft verloren, die der junge Mensch benötigt, um sich selbst zu finden oder — um es psychologisch zu sagen — zu seiner Identität zu gelangen.«[8]

Die Fähigkeit zur Selbstannahme — die doch das Geheimnis für das Schwimmen im tiefen Wasser des Bergsees ist — wird also durch das nur äußere, klitoriale Erleben in Gefahr gebracht!

Es liegt mir fern, mich in den langen Streit über vaginalen und klitorialen Orgasmus einzumischen. Bemerkenswert ist jedoch, daß auch das amerikanische Forscherpaar — und heutige Ehepaar — Masters und Johnson diesen Unterschied nicht bestritten hat. Nirgends haben sie, soviel ich weiß, vom »Mythos des vaginalen Orgasmus« gesprochen, obwohl das immer wieder behauptet wird. Sie haben lediglich mit wissenschaftlichen Methoden nachgewiesen, daß die physiologischen Symptome des vaginalen und klitorialen Orgasmus die gleichen sind. Was sie aber mit diesen Methoden — die sie übrigens bei Prostituierten anwandten — nicht erfassen konnten, sind Schönheit und Geheimnis emotionalen Erlebens.

Ebensowenig wie sich das Ergriffensein von der Pracht eines Sonnenaufganges oder das Angesprochenwerden von einem Kunstwerk der Musik oder Malerei mit wissenschaftlichen Methoden messen läßt, ebensowenig können diese Methoden die Tiefe der Freude und Geborgenheit messen, die eine Frau im Einssein mit ihrem Mann erfährt.

Zum gleichen Ergebnis kommt auch Dr. Leah Schaefer in ihrem Buch über die modernen Frauen: »Einerlei, aus welcher Quelle der Reiz kommt; physiologisch gesehen gibt es beim Orgasmus keinen Unterschied. Wohl aber ist die Qualität des Befriedigtseins sehr unterschiedlich.«[9]

Im Grunde ist das klitoriale Erleben seiner Natur nach wesentlich männlicher Art, denn die Klitoris hätte sich zum Penis entwickelt, wäre das Mädchen ein Junge geworden. Das vaginale Erleben hingegen ist eine zutiefst weibliche Erfahrung. Folgerichtig stellen deshalb die Verfechter der »Women's Liberation Movement« das vaginale Erleben in Abrede, denn sie gehen von der Nichtannahme der Weiblichkeit der Frau aus und stellen deshalb alles in Abrede, was ihr eigen ist. Ja, sie fordern die Frauen zur Selbstbefriedigung auf, um in ihrem Lustempfinden unabhängig zu werden vom Mann und es ihm gleich zu tun und somit auch in dieser Hinsicht »emanzipiert« zu sein. Dabei hätten sie dem Mann doch so viel voraus, wenn sie es nur lernen könnten, mit Freuden Frau zu sein!

Ich habe es als hilfreich empfunden, daß das katholische Ehepaar Bird in seinem Buch über die Freiheit sexueller Liebe[10] für die Beschreibung des weiblichen Orgasmus das englische Wort »total« verwendet hat, das ich am liebsten mit dem Wort »uneingeschränkt« wiedergeben möchte. Ich will dieses Ehepaar hier zu Wort kommen lassen, weil ich dessen Beschreibung des Orgasmus für die beste halte, die ich gelesen habe.

»Vielleicht ist das Wort ›total‹ (uneingeschränkt) am geeignetsten, den Orgasmus der reifen Frau zu beschreiben. Es ist ein Orgasmus, der seinen Ursprung tief in ihrem Körper hat — in der Scheide, so wird es jedenfalls subjektiv empfunden — und der sich mit wachsender Intensität auf alle Teile ihres Körpers überträgt, bis in ihre Fingerspitzen hinein. Auf dem Höhepunkt hat sie den Eindruck, daß sich ihr ganzes Wesen verströmt, und sie empfindet ein unbeschreibliches Gefühl von Erfüllung und Transzendenz. Sie fühlt, wie die Grenzen ihres Ichs schwinden und ihr ganzes Wesen sich auflöst und zerschmilzt. Dieses Erlebnis ist von solcher Tiefe und Tragweite, daß keine Analogie es zureichend beschreiben kann; ein Erlebnis, das ihr Verhältnis zu ihrem Mann in allen seinen Bereichen durchdringt und gestaltet und mit dem verglichen der männliche Orgasmus fast rudimentär erscheint.«

Der Kegelmuskel

Als ich einen Weg suchte, Frauen zu helfen, denen ein solches Erleben fremd ist und die unsagbar darunter litten, begegnete ich Dr. Arnold Kegel in Los Angeles. Er ist im Jahre 1972 verstorben — 10 Jahre, nachdem ich ihn kennengelernt hatte. Kurz vor seinem Tode legte er mir ans Herz, das weiterzugeben, was er erkannt hatte.

Dr. Kegel ist einen merkwürdigen Weg gegangen. Er war eigentlich Urologe und Chirurg und hatte als solcher oft Frauen zu behandeln, die ihren Urin nicht halten konnten, weil der Schließmuskel zu schwach war. Um ihn zu stärken, entwickelte er eine Übung, und es geschah immer wieder, daß Patientinnen, die nach Monaten zur Nachuntersuchung kamen, ihm von einer unerwarteten Nebenwirkung seiner Therapie berichteten: Sie hatten zum ersten Mal einen uneingeschränkten Orgasmus erlebt.

Diese Entdeckung veranlaßte Dr. Kegel, sein Leben dem Studium des sogenannten Pubococcygeus-Muskels zu widmen, der, nach ihm benannt, in medizinischen Büchern oft einfach als »Kegelmuskel« bezeichnet wird. In Deutschland spricht man vom »Beckenbodenmuskel«.

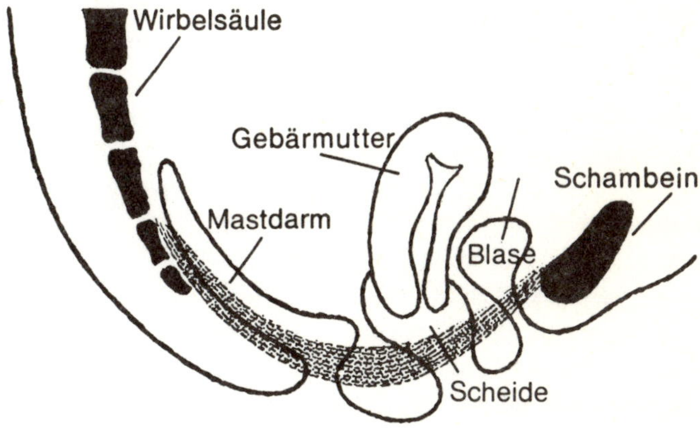

Abb. 1: Verminderter Spannungszustand des Beckenbodenmuskels

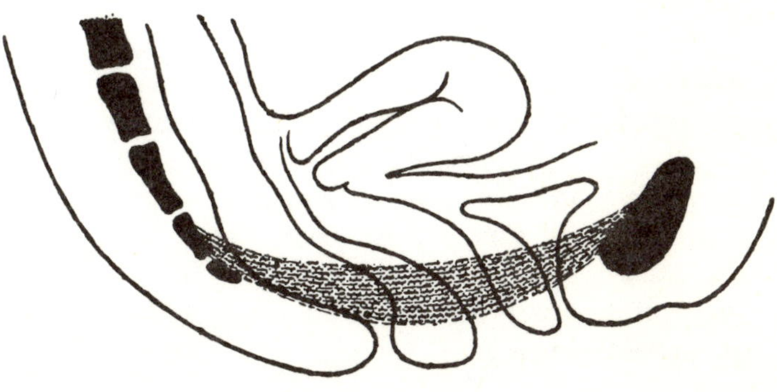

Abb. 2: Natürlicher, guter Spannungszustand des Beckenbodenmuskels

Es gibt nun viele Frauen, die in einer guten Ehe leben, die ihr Frausein voll bejahen und das Geheimnis der Selbstannahme und Selbsthingabe kennen, die sich von ihrem Mann tief geliebt wissen und die trotzdem von dem wenig erleben, was das Ehepaar Bird beschreibt.

Würden sie sich aber untersuchen lassen, würde wahrscheinlich der Arzt in vielen Fällen feststellen, daß der Muskelstrang, der Scheide, Blase und Mastdarm stützt, zu schwach und zu schlaff ist.

Dr. Kegel hat nun festgestellt, daß die stärkste Quelle sexueller Empfindung bei der Frau sich am oberen inneren Ende dieses Muskels befindet. Stellt man sich den Scheidenquerschnitt als einen Kreis mit dem Zifferblatt einer Uhr vor, befindet sich die Stelle stärksten Gefühls rechts und links etwas unterhalb der Mitte, etwa da, wo die »4« und die »8« sein würden, während die »6« zum Steißbein zeigte. Hier befinden sich die Nervenenden, die das Zusammenspiel der Muskel beim Orgasmus bewirken und so das Lustgefühl vermitteln.

Es ist in der Tat so, daß viele Frauen — manche Ärzte meinen, es seien zwei Drittel — nichts oder nicht genug fühlen können aus dem einfachen Grunde, daß der Kegelmuskel nicht voll ausgebildet ist.

Eine ganz einfache Übung

Dr. Paul Popenoe vom amerikanischen Institut für Familienfragen* in Los Angeles, der eng mit Dr. Kegel zusammenarbeitete, hat nun eine ganz einfache Übung vorgeschlagen, um diesen wichtigen Muskel zu stärken. Er berichtet, daß von über tausend sexuell unbefriedigten Frauen, die um Hilfe baten, 65 Prozent Erleichterung fanden, indem sie diese Übung durchführten. (Unter den übrigen 35 Prozent befanden sich Frauen mit tiefverwurzelten affektiven Problemen sowie einige Fälle schwerer physischer Erkrankung.)

---

* American Institute of Family Relations

Hier ist Dr. Popenoes Vorschlag:

»Der Beckenbodenmuskel kann gestärkt werden, indem man ihn aufwärts zieht, als versuche man den Harnfluß abzuschneiden oder zurückzuhalten. Eine Frau, die an mangelnder Empfindsamkeit in der Scheide leidet oder keinen Orgasmus haben kann, sollte diese Übung regelmäßig praktizieren. Sie kann das sechsmal pro Tag, etwa fünf Minuten lang tun, selbst beim Verrichten irgendeiner Hausarbeit. Oder aber sie kann die Kontraktionen zählen und 300 Übungen am Tag vorsehen, die sie in Serien von je 50 am Tag unterteilt.«

Eine Frau hatte sich, um die Übung nicht zu vergessen, an die Stellen ihrer Wohnung, an die sie täglich kam, kleine Zettelchen geheftet mit der Aufschrift: »Denk' dran!« Ihre Nachbarin, die sich in Scheidung befand, wollte wissen, woran die Zettel erinnern sollten, und begann daraufhin ebenfalls mit der Übung. Die Scheidung kam nicht zustande.

Die Muskelstärkung, die durch die Übung erreicht wird, bewirkt im allgemeinen, daß sich die Scheide verengt und die Unterleibsorgane in ihre richtige Lage hochgezogen werden. Leidet die Frau an Schmerzen im Kreuz, die im Liegen nachlassen, oder verliert sie leicht Urin, wenn sie sich anstrengt, niest oder lacht, so ist das ein ernsthaftes Anzeichen dafür, daß ihr Beckenbodenmuskel zu schwach ist. Das Training dieses Muskels bringt auch bei solchen Beschwerden eine Erleichterung.

»Es gibt nur wenige Frauen«, sagt Dr. Popenoe, »denen es nicht gelingt, ihre Mitfreude am Liebesakt dadurch zu erhöhen, daß sie diese Zusammenhänge erkennen und die Muskeln, die die Scheide umgeben, mit ins Spiel bringen. Wir glauben, daß hier ein Schlüssel zu sexueller Erfüllung liegt.«

Mein Mann und ich haben in Afrika sogar bei Frauen damit Erfolg gehabt, die man als Kleinkind gemäß der Sitte mancher afrikanischer Stämme »beschnitten« hatte. Diese Sitte ist, nebenbei bemerkt, auch ein Beispiel besonders irregeleiteten Emanzipationsstrebens. Obwohl die Beschneidung der Frau völlig sinnlos und aus hygienischen Gründen unnötig ist — warum sollte sie der Mann der Frau voraushaben? Wenn nun aber selbst diesen Frauen, denen als Kleinkind mit einer grausamen Operation die Klitoris herausgetrennt wurde, trotz ihrer Narben und Verstümmelung geholfen werden konnte, ein Gefühl zu erlernen, ist da nicht Hoffnung für jede gesunde Frau, ganz gleich, wie alt sie ist?

Ich weiß von einer Eheberaterin, die erst mit sechzig von diesen Zusammenhängen hörte und die daraufhin mit dem Training des Kegelmuskels begann. Einen Monat später berichtete sie triumphierend, sie habe zum ersten Mal in ihrer vierzigjährigen Ehe einen uneingeschränkten Orgasmus erlebt.

Dieses Beispiel macht übrigens deutlich, daß es falsch ist zu glauben, mit den Wechseljahren höre für die Frau die Freude am sexuellen Erleben auf. Es gibt viele Ehepaare, die bis ins Alter hinein Freude und Erfüllung im Liebesakt erleben, ja, manche erleben im letzten Lebensabschnitt sogar eine Art Krönung ihrer Gefühlsfähigkeit.

Viele Anzeichen deuten übrigens darauf hin, daß der Zustand des Beckenbodenmuskels in einer geheimen Verbindung zu unserem Wohlbefinden und zu unserer Stimmungslage besteht. Es ist möglich, daß Depressionen als Folge seiner Erschlaffung auftreten, wie sie auch umgekehrt Ursache seiner Erschlaffung sein können. Ein Gebärmutterknick ist jedenfalls unter Depressiven keine Ausnahme. Irgendwie steht der Zustand des Kegelmuskels im Zusammenhang mit der Gesamthaltung, die wir dem Leben gegenüber einnehmen.

Dr. J. P. Greenhill, Professor für Gynäkologie an der Chicago Medical School, USA, sagt: »In allen Berichten über die Anwendung der Kegeltechnik hat nie ein Zweifel über die Ungefährlichkeit dieser Methode bestanden. Für eine erstaunliche Anzahl von Frauen scheinen die positiven Auswirkungen sowohl in sexueller als auch in medizinischer Hinsicht in der Tat groß zu sein.«[10]

Ich kann nur aus vielen Gesprächen mit Frauen in aller

Welt und aus eigenem Erleben schlicht bestätigen, daß Sigmund Freud hier zweifellos etwas Richtiges erkannt hat. Eine französische Arztfrau sagt: »C'est la difference entre le plaisir et le bonheur.« (Es ist der Unterschied zwischen Lust und Glück.)

Frieden im Schoß der Frau

Nun muß ich allerdings noch ein Wort hinzufügen für den Mann. Denn sonst könnte es doch so aussehen, als wolle ich der Frau allein die ganze Last der Verantwortung für das sexuelle Erleben zuschieben. Das wäre genauso verkehrt, wie zu behaupten, es liege allein am Mann, ob er seine Frau sexuell voll befriedigen kann. Gelinge es ihm nicht, dann sei er eben kein richtiger Mann.

Es geht selbstverständlich um das Zusammenspiel von beiden. Beide tragen gemeinsam Verantwortung für das körperliche Einswerden und das Gefühl, das sie dabei empfinden.

Ich hatte schon angedeutet, daß die Hilfe des Mannes in ganz entscheidender Weise darin besteht, das Zusammensein so lang wie möglich auszudehnen. Eine Untersuchung ergab, daß im Durchschnitt eine Frau den Orgasmus erst nach fünf Minuten erreicht und daß 12 % der Frauen wenigstens zehn Minuten dazu benötigen. Der Mann andererseits erreicht im Durchschnitt den Orgasmus in weniger als zwei Minuten. Eine große Anzahl der Männer vollziehen den Akt in weniger als einer Minute. Von daher fällt nochmals ein Licht auf das eingangs zitierte Gedicht von Ancelle.

Gibt es die Möglichkeit einer Kontrolle für den Mann? Allein schon dies zu wissen, wäre für ihn eine Hilfe, denn es würde ihn entspannen und von Sorge befreien.

Zunächst möchte ich dem Mann dasselbe empfehlen wie der Frau. Auch der Mann sollte die gleiche Muskelübung machen. Sie schadet keinem. (Übrigens auch Jungen und Mädchen nicht, die unter Bettnässen leiden. Je eher sie mit der Übung anfangen, um so besser.) Hat der gereifte

Mann dann einen trainierten Muskel, kann er ihn im entscheidenden Augenblick anspannen und so den Samenerguß hinauszögern.

Die andere Hilfe besteht darin, daß er lernt, nach der Einführung des Gliedes zunächst einmal bewegungslos auszuruhen, bis die erste starke Reizwelle abgeebbt ist. Das Glied ruhend im Schoß der Frau: das heißt »Frieden« für den Mann! Er sollte ihn wirklich genießen, und seine Frau wird ihm diesen Frieden liebend gern schenken.

Die Bewegungen sollten dann sehr behutsam beginnen, wobei die Frau nicht passiv sein darf. Mit ihrem geübten Muskel kann sie das Glied des Mannes fest umschließen, als wolle sie ihn umarmen. Dabei ist es wichtig zu wissen, daß der Frau nicht die Vor- und Rückbewegungen am meisten helfen, sondern der seitlich sanfte Druck gegen die Scheidenwände.

»Viele Partner meinen«, schreibt Ronald Deutsch, »starkes Stoßen sei die normale Technik, vielleicht deshalb, weil dies kurz vor dem Orgasmus instinktmäßig geschieht. Dem ist aber nicht so, denn zu starke Friktion mindert einerseits die Empfindung der Frau, während sie andererseits den Mann leicht überreizt.«[10]

Ruhen und Behutsamkeit sind gegenseitige Hilfe. Nicht nur der Frau wird so zu größerer Erfüllung verholfen. Auch dem Mann erschließt sich ein neuer Erlebnisbereich. Mit jedem Augenblick, der den Liebesakt verlängert, wächst sein Selbstvertrauen. Wenn er in der Scheide seiner Frau auszuruhen gelernt hat, empfindet er das Umschlossensein wie ein Kind die Geborgenheit im Schoß der Mutter. Dieses körperliche Eingeschlossensein in der Mütterlichkeit seiner Frau kann ihn, der oft von außen angegriffen und überfordert wird, im Innersten entspannen und ihm neue Kräfte geben. Andererseits kann die Frau, deren Gefühle sie ans Grenzenlose auszuliefern drohen, bei einem behutsam wartenden Mann jene starke väterliche Hand spüren, der sie sich getrost anvertrauen kann. Sie kann sich selbst loslassen, weil er sie durch dieses Aufgewühltsein hindurchführen wird.

Je größer die Chancen weiblicher Erfüllung sind, desto weniger wird der Mann fürchten, seiner Frau nicht zu voller Freude verhelfen zu können. Das alte Sprichwort: »Nichts ist erfolgreicher als Erfolg« bewahrheitet sich hier ganz gewiß. Es ist an der Frau, ihrem Mann Selbstvertrauen zu schenken in seine Fähigkeit, sie zu lieben, und ihm so zu helfen, mit Freuden Mann zu sein, weil es ihm gelang, ihr zu helfen, mit Freuden Frau zu sein.

Umhüllt und geborgen

Damit ist schon angedeutet, daß selbstverständlich die leiblichen Dinge allein nichts auszurichten vermögen, wenn nicht die Seele mitschwingt.

Ich habe aber ganz bewußt mit dem Leib begonnen und nicht mit der Seele. Prof. Michel in Tübingen hat mich dazu ermutigt, denn so ist es dem biblischen Denken gemäß: Die Bibel beginnt immer mit dem Leib.

Sie spricht davon, daß Mann und Frau in der Ehe »ein Fleisch« werden. Dieses Wort meint zunächst einmal ganz konkret den Geschlechtsakt. Aber dann meint es doch mehr. Es meint den ganzen Menschen, auch sein Denken und Fühlen, seine Existenz.

Ich sagte schon, daß Körperliches und Seelisches bei der Frau in einem viel stärkeren Maß als beim Mann eine Einheit bilden. Deshalb wird die Frau oft für »sinnlicher« gehalten. In Wahrheit aber ist es so, daß der oft ahnungslose Mann die enge Verknüpfung beider Sphären bei der Frau nicht versteht. Während man es sich sonst im allgemeinen so vorstellt, daß der Körper die Seele umhüllt, ist es bei der Frau gerade umgekehrt: Das Seelische hüllt alles Körperliche ein.

Dr. Bovet vergleicht einmal die Liebe eines Mannes mit einem warmen Mantel. Fühlt sich eine Frau von diesem Mantel umhüllt, kann sie sich ihrem Mann ganz und bedingungslos hingeben — mit Seele und Leib. Um ihr das Gefühl des Umhülltseins zu geben, muß ein Mann lernen, daß es nichts Unmännliches ist, Gefühle auszudrücken.

Wenn seine Worte und Berührungen seiner inneren Haltung entsprechen, kann die Frau daraus ablesen, daß er sie liebt.

Schon eine kleine Unfreundlichkeit, ein Vorwurf, ein hartes, unbedachtes Wort können Löcher in den Mantel reißen, die der Frau das Gefühl der Geborgenheit derart nehmen, daß ihr die volle Hingabe unmöglich wird.

Schweigen flickt dann keine Löcher. Es ist auch vergeblich, durch die körperliche Vereinigung seelische Wunden heilen zu wollen. Es bleibt nur das geduldige Miteinanderreden und das rückhaltlose Aussprechen der schmerzenden Dinge.

Sind die Löcher gestopft, durch die der Wind pfiff, gewinnt die Frau etwas ganz Wesentliches, ohne das ihr eine volle Hingabe nicht möglich ist: Vertrauen. Wie der Vogel sich der Luft und der Fisch sich dem Wasser anvertraut, so will sie sich ihrem Mann anvertrauen können.

In diesem Sichschenken besteht ihr Geheimnis. Um sich aber schenken zu können, muß sie sich erst einmal »haben«, muß sich annehmen und lieben und zutiefst dankbar dafür sein, daß sie eine Frau ist.

Dann aber ist sie fähig, so stark zu vertrauen, daß sie es wagen könnte, von einer Klippe herabzuspringen ohne jeden Zweifel, daß ihr Mann zur Stelle sein wird, um sie aufzufangen.

Ich sah einmal unseren Kindern beim Springen und Tauchen zu. Für die Jungen bedeutete es keine Schwierigkeit. Nachdem der Sprung ihnen einmal gelungen war, wollten sie ihn ständig wiederholen.

Aber für unsere elfjährige Tochter war es anders. Zögernd stand sie auf dem Sprungbrett und zog sich immer wieder zurück. Vergeblich ermutigten sie ihre Brüder durch Zurufe, es zu wagen. Erst als ihr Vater ihr vorausprang, um sie im Wasser zu empfangen, wagte sie es und entdeckte so eine Fähigkeit in ihrem Leben: die Fähigkeit zu vertrauen.

Ein Mann möchte seine Frau erobern und in seine Arme schließen, während es ihr größter Wunsch ist, sich auszuliefern und von ihm erobert zu werden. Dieses Erobern ist aber nur ein zeitliches Vorrecht des Mannes. Dann darf die Frau ihn zurückerobern und die Initiative zurückspielen. Wie sieht das aus?

Dazu ist es wichtig zu wissen, daß auch ein Mann Geborgenheit braucht. Er findet sie, wenn seine Frau ihn versteht und sich die Mühe macht, sich in seine Berufsprobleme hineinzudenken, als würde sie in seiner eigenen Haut stecken. Tut sie das, so wird sie an seiner Arbeit immer etwas entdecken, was ihre Anerkennung herausfordert. Und diese Anerkennung muß sie aussprechen! Wenige Frauen machen sich davon eine Vorstellung, wie sehr der Mann abhängig ist von der Bestätigung der Frau. Nichts »erobert« ihn so, wie von Frauen gelobt zu werden.

Spott und Herabsetzung ist dagegen Gift für ihn. Wenn den ganzen Tag Kritik und Fehlschläge auf ihn niedergeprasselt sind, dann kommt er oft »platt« heim — wie ein Fahrradschlauch ohne Luft. Nie hungert er so nach Bestätigung von seiner Frau wie in diesem Augenblick. Sie muß ihn dann durch ausgesprochene Anerkennung geradezu wieder »aufpumpen« und ihm zu seiner richtigen Gestalt verhelfen.

Diese innere Hilfe braucht er auch in bezug auf die leibliche Gemeinschaft. Vor allem, wenn es ihm nicht gelungen ist, seiner Frau volle Befriedigung zu schenken, fühlt er sich leicht »schuldig« und als »Versager« und hat dann Angst vorm nächsten Mal. Gerade dann ist es wichtig, daß die Frau, ohne ihm etwas vorzuspielen, sich dankbar und anerkennend äußert, wobei auch ein guter Schuß Humor nicht zu verachten ist. Herabwürdigung und Kritik aber würden hier tödlich wirken. Jede kleinste Ermutigung hingegen hilft dem Mann, entspannter und sicherer zu werden.

Ich kenne Frauen, die noch nie einen Orgasmus erlebt haben. Aber sie empfangen Freude und sie danken ihren Männern ausdrücklich dafür.

Nach dem Samenerguß hat der Mann ein Gefühl der Sättigung, ja der Erschöpfung. Eine Frau macht sich oft nicht genügend klar, daß er ja physische Kraft abgegeben hat. Darum befällt ihn ein unwiderstehliches Schlafbedürfnis. Das muß sie verstehen lernen.

Andererseits muß der Mann wissen, daß der längeren Zeitspanne, die die Frau benötigt, um in stufenweiser Annäherung den Höhepunkt zu erreichen, ihre Erwartung nach dem Orgasmus entspricht. Sie möchte dort oben so lange wie möglich verweilen und zögert nun, ins Tal hinabzusteigen. In diesem Zustand des Hochgefühls verlangt sie besonders nach Umhüllung und Geborgenheit. Es ist für sie unentbehrlich, sich gerade jetzt von ihrem Mann gehalten zu wissen, seinen Schutz und seine Kraft zu verspüren und seiner Liebe mit Zärtlichkeiten und mit Worten neu versichert zu werden. Die Worte sind dabei besonders wichtig, denn es gibt merkwürdigerweise kein anderes Einfallstor für diese Versicherung als das Ohr.

Es ist schwer für einen Mann, sich in dieses Hörbedürfnis hineinzufühlen, denn er hat Angst, daß die Worte durch alltäglichen Gebrauch abgewertet werden. Dennoch ist es so: Eine Frau kann nicht oft genug h ö r e n , daß ihr Mann sie liebt. Darum muß er lernen, sein Schlafbedürfnis eine Weile zurückzustellen und der Versuchung widerstehen, sich ihrer Umarmung zu entziehen und sofort einzuschlafen. Sonst wäre der Zauber dieses Augenblicks zerstört, das Licht würde erlöschen und ein Gefühl der Leere und stiller Enttäuschung würde sich der Frau bemächtigen.

Statt dessen dürfen Mann und Frau in diesen Momenten etwas von dem empfinden, was Dr. Bovet in seinem »Handbuch zur Ehe« so beschreibt:

»Nach dem Sturm der Leidenschaft sind die beiden Liebenden in ihrem Innersten aufgebrochen, und sie können einander unmittelbar in die Seele schauen. Die eben erfahrene Beglückung erfüllt sie mit tiefem Dank gegeneinander und für den Partner gegen Gott. Jetzt können sie einander Dinge sagen und offenbaren, die sonst nicht auszudrücken waren; Probleme lösen sich wortlos, und sie erleben gerade jetzt die vollkommene Gemeinschaft.«[6]

Dazu sei mir noch der Hinweis gestattet, daß zu der Erfahrung des Umhülltwerdens und Geborgenseins wohl eben auch ein bißchen Intelligenz und guter Geschmack gehören. Wir kennen alle den Unterschied zwischen einem heißhungrig verzehrten Schnellimbiß und einem Festmahl in einem feierlich geschmückten Raum. Der Hunger wird zwar in beiden Fällen gestillt. Und doch: welch ein Unterschied!

Aber die Liebe braucht nicht nur Raum. Sie braucht auch Zeit. Das Ineinanderwirken des leiblichen und seelischen Erlebens läßt sich nicht an einem Tag erreichen. Es ist mit der Liebe wie mit einem frisch gepflanzten kleinen Baum. Sie ist etwas Lebendiges, das wächst. Zeit ist nötig, um ihre kostbaren Früchte heranreifen zu lassen.

Ehepaare sollten darum nicht enttäuscht sein, wenn sie während der ersten Monate oder sogar Jahre ihrer Ehe nicht zu einer vollkommenen sexuellen Harmonie kommen. Sie sollten aber andererseits die Hoffnung auch nie aufgeben.

Ich erinnere mich, daß ich, als ich mit meinem Mann einmal unseren Eheberater aufsuchte, wegen eines uns unlösbar erscheinenden Problems Tränen vergoß. Er fragte uns, wie lange wir schon verheiratet seien. Ich schluchzte: »Schon acht Jahre!« Da lachte er gütig: »Ach, da seid ihr ja noch Säuglinge!«

Dann sagte er uns, daß er schon 43 Jahre verheiratet sei, und auch als Mediziner so lange über Ehefragen nachgedacht, gelesen und gearbeitet habe, und fügte hinzu: »Jetzt glaube ich so ungefähr genug zu wissen, um eine Ehe anfangen zu können.«

Die Ehe ist kein Ziel, sondern eine Reise. Mann und Frau sind miteinander unterwegs. Sie wachsen und reifen und lernen, sich so zu lieben, daß ihnen auch die sexuelle Harmonie wie eine reife Frucht ihrer Ehe zufällt.

Gott aber geht auf diesem Wege mit. Immer und überall — und gerade auch in der Vereinigung — ist er ganz konkret gegenwärtig.

Dr. William Hulme, ein lutherischer Theologe, schrieb den Satz: »Der Gott, dem wir in Christus begegnen, muß nicht erst in die sexuelle Freude hineinprojiziert werden. Er befindet sich bereits dort.«

Es gibt Ehepaare, die jeden Abend miteinander beten, nur dann nicht, wenn sie zusammenkommen wollen oder wenn sie zusammengekommen sind. Es ist, als hätten sie ein schlechtes Gewissen, sexuelle Freude zu erleben. Darin zeigt sich, daß sie ihr geistliches Leben und ihr sexuelles Leben voneinander getrennt haben.

Diese Trennung jedoch ist der Bibel völlig fremd. Der Gott der Bibel, der Vater Jesu Christi, der Fleisch gewordene Gott, ist der Herr aller Bereiche des Lebens, einschließlich des sexuellen Bereiches.

Im fünften Kapitel des Epheserbriefes ordnet der Apostel Paulus in einer für unsere Ohren fast schockierenden Weise beide Bereiche einander zu: »Die beiden werden ein Fleisch sein. Hier liegt ein großes Geheimnis vor. Ich beziehe es auf Christus und die Gemeinde« (Eph. 5,31). Das Einswerden hat nicht nur eine leibliche und seelische Dimension, sondern es schließt auch die Dimension mit ein, in der wir Gott begegnen. Darum wirkt sich die sexuelle Freude auch befruchtend aus auf unser geistliches Leben.

Ehepaare, die im Glauben stehen, sprechen von der leiblichen Gemeinschaft als von einer belebenden geistlichen Erfahrung. Weil Christus in ihrer Ehe der Mittelpunkt ist, wird für sie der Liebesakt zu einem dankbaren Sich-Öffnen für Gott. Ich kenne keine Worte, die das klarer aussprechen als das Gebet von Dr. Bird und seiner Frau:

»Wir liebten uns gestern abend, und der heutige Tag ist neu, strahlend neu und voller Leben.

Wir sprachen miteinander, lachten und beteten gemeinsam bis in unsere Körper hinein.

Und DU warst so unendlich nah.

Dann bist DU immer gegenwärtig, besonders dann.

Unsere innige Nähe zueinander wächst und macht unsere Nähe zu DIR lebendiger.

DU bist da. DEINE Liebe ist's — DU bist's, uns vermählend, verschmelzend, vereinigend in die herrliche Einheit mit DIR. Und heute morgen? Dieser Morgen ist ein Sonnenaufgang, ein Wachsen, ein Gefühl der Vorwegnahme.

Heute ist ein neuer, ein strahlend neuer, lebendiger Tag, und die Spannkraft unserer Liebe steigt an, zieht uns zueinander, zu DIR empor.«[10]

2. Kapitel

Umgang mit Zyklus und Fruchtbarkeit

Die Blütezeit des Gartens

»Mammi«, sagte das elfjährige Mädchen, »ich muß dir was sagen.«

Die Mutter saß am Bettrand und wartete auf den Kinderwunsch. Schließlich kam es heraus: »Ich kann es kaum erwarten, bis ich meinen ersten Eisprung habe.« Sie freute sich darauf wie auf ihren Geburtstag.

Interessanterweise sprach das Kind nicht von der ersten Monatsblutung, sondern vom ersten Eisprung. Das zeigt, daß die Mutter die Gespräche mit dem Kind in die richtige Richtung gelenkt hatte: nicht die Menstruation, sondern die Ovulation hatte sie in den Mittelpunkt gestellt.

Dadurch hatte sie ihrer Tochter eine entscheidende Hilfe gegeben, um sich später als Frau annehmen zu können. Es liegt ein großes Geheimnis im Geschehen der Ovulation. Ich wage zu sagen, daß das Wissen um dieses Geschehen unentbehrlich ist, wenn der Frau die Arbeit der Selbstannahme gelingen soll. Nicht nur, daß dieses Wissen ihr hilft, mit ihrer Fruchtbarkeit selbständig und verantwortungsvoll umzugehen, sondern es hilft ihr auch, sich selbst zu verstehen in dem ständigen Auf und Ab ihrer Stimmungen.

Ein Mann fragte mich einmal: »Wie kommt es eigentlich, daß meine Frau nie zwei Tage hintereinander in der gleichen Stimmung ist?« — Nun, wenn er sich einmal die Mühe gemacht hätte zu verstehen, was in seiner Frau während ihres monatlichen Zyklus vor sich geht, wüßte er die Antwort. Deshalb ist es so wichtig, daß dieses Kapitel nicht nur Frauen, sondern auch Männer lesen.

Das bewußte Leben und Erleben dieses Zyklus ist die Grundvoraussetzung, daß auch die unverheiratete Frau sich verstehen und annehmen kann. Was jenes elfjährige

Mädchen schon vor seinem ersten Eisprung wußte, sollte deshalb jede Frau wissen.

Früher meinte man, die Gebärmutter spiele die entscheidende Rolle im Zyklusgeschehen der Frau. Man betrachtete sie als Mitte des weiblichen Seins. Die Griechen der Antike glaubten, die Stimmungen der Frau fänden in der Gebärmutter ihren Ursprung. Das griechische Wort für Gebärmutter ist »Hysteros«, daraus folgte unser Wort »hysterisch« (welches heute aber nicht nur die Bezeichnung einer typisch fraulichen Eigenschaft darstellt, sondern auch bei Männern vorkommen kann). Man sah die Gebärmutter als eine Art »Garten« an, der während der Zeit der Regelblutung in »Blüte« steht. Folglich schloß man, daß die Tage knapp vor oder nach der Regelblutung die fruchtbaren seien. Die Afrikaner sehen in der Menstruation eine Art »Bewässerung« des Gartens, und die Meinung ist weit verbreitet, daß in Zeiten möglichst nahe an dieser »Regenzeit« am ehesten ein Kind empfangen werden könnte.

Wir wissen heute, daß das nicht stimmt. Und doch liegt dieser unwissenschaftlichen Auffassung ein richtiges Empfinden zugrunde. Der Irrtum besteht lediglich darin, daß die »Blütezeit« oder die »Regenzeit« nicht die Zeit der Menstruation, sondern der Ovulation ist. Nicht die Gebärmutter, sondern die Eierstöcke spielen die entscheidende Rolle im Fortpflanzungsgeschehen der Frau. Nur in der Zeit des Eisprunges kann eine Frau empfangen.

Darum ist das Wissen um den Vorgang des Eisprunges in der Tat der Schlüssel für den Umgang mit der eigenen Fruchtbarkeit. Aber ich möchte nochmals betonen: Nicht nur dazu ist dieses Wissen nötig, sondern auch, um sich selbst als Frau verstehen und annehmen zu können, ganz abgesehen davon, ob man es auf die Fruchtbarkeit anwendet oder nicht. Deshalb will ich den Monat für Monat ablaufenden Vorgang hier kurz beschreiben.

Der Dirigent des Orchesters

Im Kopf, knapp unterhalb des Gehirns, etwa in Augenhöhe, befindet sich eine kleine Drüse, die Hirnanhangdrüse oder Hypophyse. Beim kleinen Mädchen schlummert sie noch. Wenn sie aber in der Reifezeit — angeregt durch das Zwischenhirn — zur Tätigkeit erwacht, erzeugt sie bestimmte Hormone, die bewirken, daß der Zyklus des Mädchens seinen Anfang nimmt. Sie ist wie ein Dirigent, der das Zeichen gibt zum Beginn des Konzertes.

Nun beginnen auch die Eierstöcke mit ihrer Tätigkeit. Sie sind mandelförmig und etwa so groß wie eine kleine Pflaume. Im Körper befinden sie sich beiderseits der Gebärmutter und sind mit dieser durch einen Verbindungsgang — den Eileiter — verbunden.

Die Eierstöcke sind von Geburt an mit einigen hunderttausend winzigen Eianlagen versehen. Wenn der Sexualzyklus des Mädchens einsetzt, wird in jedem Regelmonat ein Ei reif. Es ist sehr klein, nicht größer als eine Nadelspitze, und dennoch ist es die größte Zelle des menschlichen Körpers. Der Eileiter, der zu dieser Zeit den Eierstock schützend umgibt, fängt mit seinen fingerförmigen Enden das reife Ei (Ovum) behutsam auf. Nun bewegen feine Härchen das Ei in dem Eileiter weiter, dessen Höhlung kaum breiter ist als die Mine eines Bleistifts.

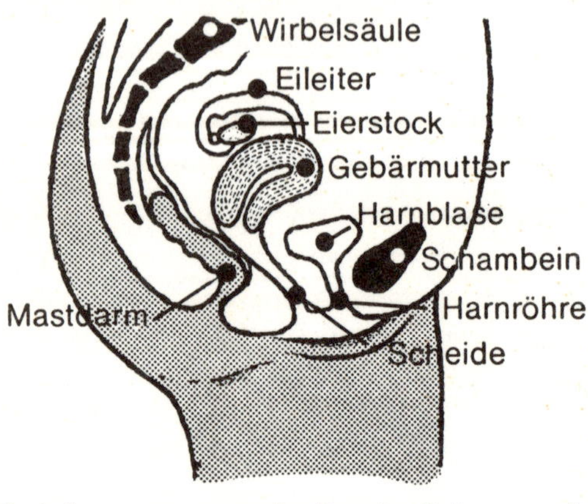

Abb. 3: Fortpflanzungsorgane der Frau im Seitenquerschnitt

Wenn dieses Ei auf seinem Weg zur Gebärmutter nicht von einem Samenfaden des Mannes getroffen wird, geht es zugrunde, und es kommt dann zum Einsetzen der Regelblutung (Menstruation). Ein berühmter Arzt meinte einmal dazu: »Eine Menstruation entspricht eigentlich den Tränen einer enttäuschten Gebärmutter.« Mit dem ersten Tag der Regelblutung beginnt ein neuer Zyklus, in dessen Verlauf es wieder zu einem Eisprung (Ovulation) kommen wird. Daher sprechen wir vom menstruellen Zyklus.

Hormone und Stimmungen

Die beiden Eierstöcke produzieren nun ihrerseits die weiblichen Geschlechtshormone, die beim heranwachsenden Mädchen die Entwicklung der Brüste, das Breiterwerden der Hüften und all die andern Merkmale verursachen, die ein Mädchen körperlich in eine Frau verwandeln.

Man unterscheidet im wesentlichen zwei weibliche Hormonarten: die Oestrogene, die ich hier schlicht Weiblichkeitshormone nennen möchte, und das Progesteron oder Gelbkörperhormon, das ich hier das Mütterlichkeitshormon nennen möchte.

Wie aus Abbildung 4 zu ersehen ist, findet während des Zyklus ein Wechsel in der Wirksamkeit beider Hormone statt. Die Hormone der Weiblichkeit entfalten im ersten Teil des Zyklus bis zu seinem Höhepunkt, dem Eisprung, eine größere Wirksamkeit. Das Hormon der Mütterlichkeit hingegen kommt im zweiten Teil des Zyklus mehr zum Zuge. Letzteres bewirkt, daß in der Gebärmutter das Bett für ein eventuell zu empfangendes Kind bereitet wird und daß die Körpertemperatur der Frau im zweiten Teil des Zyklus höher ist als während des ersten. Das Mütterlichkeitshormon fördert auch die Entwicklung der Brüste für die spätere Abgabe der Muttermilch, so daß sie größer werden und in diesen Tagen empfindlicher sind.

Ähnlich wie in der Schwangerschaftszeit hält die Frau mehr Flüssigkeit in ihrem Körper zurück und wiegt deshalb auch in der zweiten Zyklushälfte oft etwas mehr.

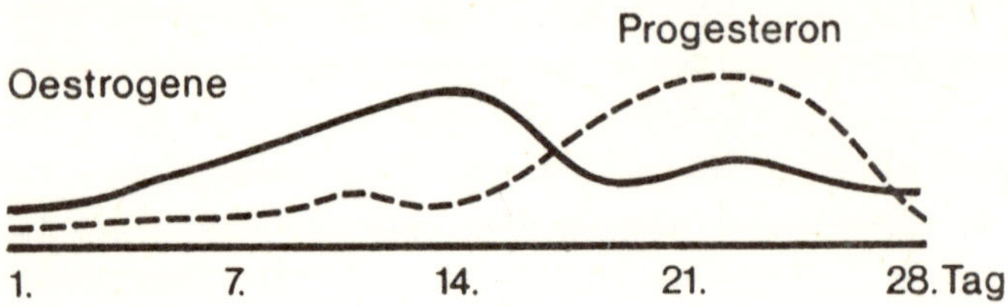

Abb. 4: Die Veränderung im Hormonspiegel im Verlaufe des menstruellen Zyklus

Die erhöhte Empfindlichkeit im zweiten Teil des Zyklus und vor allem in den Tagen vor der Menstruation betrifft aber nun nicht nur den körperlichen, sondern auch den seelischen Bereich. Die Frau ist in dieser Zeit nicht nur weniger leistungsfähig und anfälliger für Krankheiten, sondern sie lebt auch schwerer, ist leichter reizbar und entmutigt. Kleine Schwierigkeiten des Alltags können ihr wie unüberwindliche Berge erscheinen. Es ist erwiesen, daß in Amerika prozentual weniger Frauen an Autounfällen beteiligt sind als Männer. Und doch ist es höchst interessant, daß der größte Prozentsatz der Unfälle der Frauen in die Vormenstruationszeit fällt. In diesen Tagen neigt die Frau auch mehr zur Schwermut, unter Umständen wird sie sogar von Selbstmordgedanken befallen.

Gewinnen jedoch mit dem Beginn des neuen Zyklus die Weiblichkeitshormone wieder die Überhand, dann fängt die Frau an, sich wieder »normal« zu fühlen. Sie ist dann wieder »sie selber«. Die Haut wird reiner und die Franzosen, die ein größeres Einfühlungsvermögen in diese Dinge haben, behaupten, die Frau sei dann »zum Anbeißen schön«.

Sie fühlt sich über den Dingen stehend, ist fröhlicher, gleichgestimmter und optimistischer. Sportlerinnen erreichen in der ersten Hälfte des Zyklus eher ihre Hochleistungen, und auch Schülerinnen schneiden bei Prüfungen besser ab. Es wäre gut, wenn in den Schulen bei der Beurteilung von Leistungen mehr auf diese Zusammenhänge geachtet würde.

Sich selbst als Frau annehmen heißt nun auch: bewußt

mit dem Zyklus leben. Mit ihm und nicht gegen ihn! Deshalb besteht in der Selbstbeobachtung, von der später noch die Rede sein wird, eine ganz wesentliche Hilfe zur Selbstannahme. Das gilt, ich sage es nochmals, genauso für die verheiratete wie für die unverheiratete Frau.

Es hat keinen Zweck, wenn man sich aus geringfügigem Anlaß übergebührlich aufgeregt hat, sich anschließend über sich selbst zu ärgern. Da ist es schon besser, sich ein wenig zu schonen! Die Frau, die weiß, wo sie in ihrem Zyklus steht und was sie erwartet, kann sich innerlich darauf einstellen. Sie greift zu einem schönen Buch, geht spazieren, sie tut etwas, das ihr Freude macht. Anstatt deprimiert zu sein, kann sie sich allmählich zu größerer Selbstdisziplin erziehen und dadurch auch die Schwermut wirksam bekämpfen. Denn die Kenntnis einer Schwierigkeit baut Angst ab.

Wenn möglich, kann sogar bis zu einem gewissen Grade die Arbeitseinteilung dem Zyklus angepaßt werden. Mit ein wenig Planung läßt es sich oft vermeiden, den Waschtag, das Großreinemachen, eine große Einladung, die alle Kräfte der Hausfrau erfordern, oder gar einen Umzug ausgerechnet auf die Tage vor der Menstruation zu legen.

Wichtig ist, daß der Mann der Frau bei der Planung behilflich ist. Er kann wesentlich dazu beitragen, daß es ihr gelingt, mit ihrem Rhythmus im Einklang zu leben.

Unbedingt erforderlich ist es, daß der Ehemann weiß, wo seine Frau im Zyklus steht. Dann wird er wissen, daß eine unbegründete Tiefstimmung oder ein unbegründeter Zornausbruch nicht mit dem Charakter seiner Frau, sondern mit ihrem Hormonhaushalt zu tun hat und wird folglich ganz anders darauf reagieren. Er wird es in der rechten Weise einzustufen wissen und nicht mit beißender Kritik und einem abwertenden Allgemeinurteil: »Frauen sind eben so — unberechenbar und unlogisch« beantworten, sondern mit ein wenig gütigem Humor, einem liebevoll tröstlichen Wort oder auch einfach mit einem guten, verstehenden Schweigen. Dadurch kann er seiner Frau entscheidend helfen, sich selber anzunehmen.

Mein Mann behauptet, daß auch der Mann so etwas ähnliches wie einen Zyklus kenne und zu bestimmten Zeiten bestimmten Stimmungen unterworfen ist. Nachgewiesen ist das bisher nicht. Wohl aber verhält es sich so, daß der Mann oft mehr auf das Zyklusgeschehen seiner Frau reagiert, als er selber weiß. Berater und Ärzte, die mit Männern zu tun haben, die über periodisch wiederkehrende Störungen irgendwelcher Art klagen, tun jedenfalls gut daran, einmal abzutasten, ob hier nicht eine unbewußte Reaktion auf die hormonal bedingte Stimmungsschwankung ihrer Frau vorliegt, eine Reaktion, die sich übrigens auch auf die Kinder auswirken kann.

Das alles unterstreicht nur einmal mehr, wie sehr in der Ehe bis in die Stimmungen hinein Mann und Frau ein Leib sind. Ob sich die Schwankungen im Hormonspiegel auch im Verlangen der Frau nach dem Mann wiederspiegeln, ist hingegen eine offene Frage. Fest steht, daß ein erhöhtes Verlangen während der Zeit des Eisprunges, also den fruchtbaren Tagen, mit naturwissenschaftlichen Methoden nicht nachweisbar ist, obwohl das immer wieder behauptet wird. Im Gegenteil: Untersuchungen aus Amerika und Holland weisen eher darauf hin, daß eine Steigerung des Verlangens in den Tagen vor oder knapp nach der Menstruation zu verzeichnen ist.[13-15]

Eine französische Studie des Centre de Liaison des Equipes de Recherche, Paris, bestätigt, daß die »pleine jouissance« (volle Freude) — so nennen das die Franzosen — häufiger in der Nähe der Menstruation erfahren wird. Oft ist übrigens auch die Neigung des Mädchens zur Masturbation in dieser Zeit am stärksten.

Was man vom Eisprung wissen muß

Damit bin ich an einem Punkt angelangt, den ich im letzten Kapitel bewußt ausgelassen habe: Die Freude am Liebesakt wird oft erheblich beeinträchtigt durch die Angst vor einer ungewollten Schwangerschaft. Um dieser Angst zu begegnen, ist es wichtig, daß die Frau lernt, mit ihrer

Fruchtbarkeit umzugehen. Auch dazu ist das bewußte Leben mit dem Zyklus eine Hilfe.

Es verhält sich nun so, daß der zweite Teil des Zyklus bei den meisten Frauen gleich lang ist, etwa zwei Wochen, und daß dieser zweite Teil, also die Zeit nach dem Eisprung, absolut unfruchtbar ist. Es gibt in der gesamten medizinischen Weltliteratur kein einziges Beispiel dafür, daß nach erfolgtem Eisprung ein Kind empfangen wurde.

Abb. 5:

27-Tage-Zyklus (nächste Regelblutung erfolgt am 28. Tag)

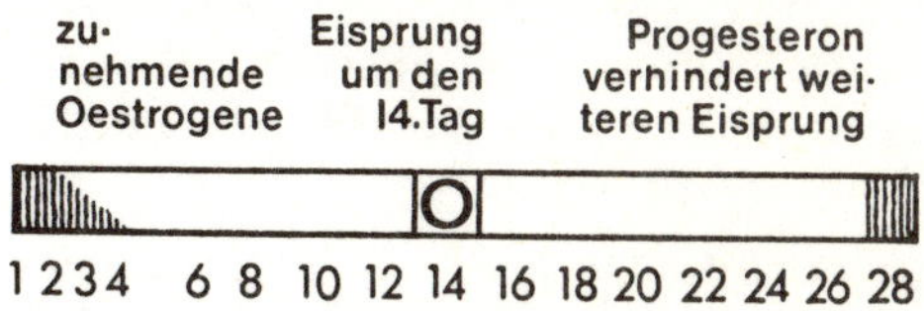

23-Tage-Zyklus (nächste Regelblutung erfolgt am 24. Tag)

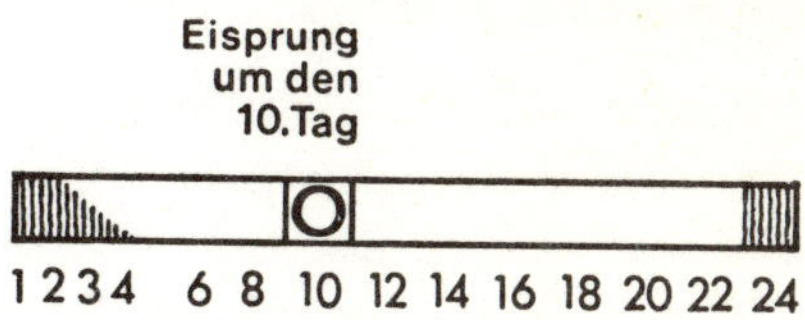

35-Tage-Zyklus (nächste Regelblutung erfolgt am 36. Tag)

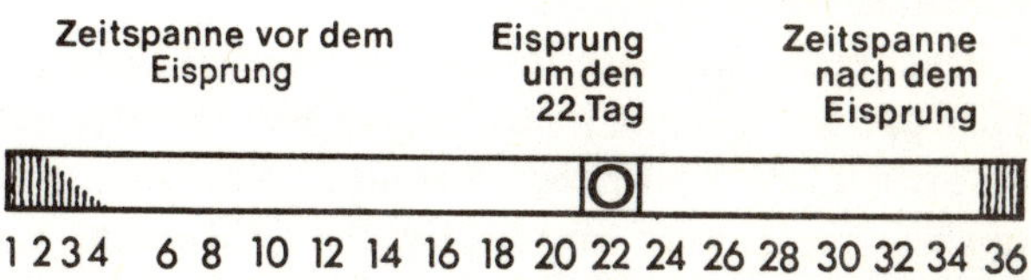

Der erste Teil des Zyklus variiert allerdings von Zyklus zu Zyklus und von Frau zu Frau. Aber die meisten Frauen haben, je nach Länge des Zyklus, auch im ersten Teil noch einige unfruchtbare Tage.

Man kann die Zeit des Eisprunges mit großer Genauigkeit bestimmen. Es gibt dafür Anzeichen oder Symptome: Eines ist das bereits erwähnte Ansteigen der Körpertemperatur, ein anderes die vermehrte Absonderung des Zervixschleimes.

Die Bestimmung des Eisprunges hat jedoch nichts mit der Methode Knaus-Ogino zu tun. Diese Methode, die auf einer Wahrscheinlichkeitsrechnung beruht, ist unzuverlässig, weil die Länge der Zyklen variiert und nicht genau vorherbestimmt werden kann — was übrigens jede Frau weiß.

Den Weg, den ich vorschlagen möchte, ist ein völlig anderer. Es handelt sich nicht um Rechenkünste und mehr oder weniger große Wahrscheinlichkeit, sondern um die zuverlässige Beobachtung von Symptomen, deren Auftreten völlig unabhängig ist von der Länge des Zyklus.

Ich möchte diese Methode als Eisprungmethode oder Ovulationsmethode bezeichnen. Ehe ich sie jedoch beschreibe, will ich erzählen, wie mein Mann und ich darauf gestoßen sind.

Hilfe für den Busch

Ich sagte schon, daß wir lange Zeit in Afrika gelebt haben, und zwar in Kamerun unter einer sehr armen Bevölkerung in einem Gebiet, das sechs Monate im Jahr durch einen Fluß von der Außenwelt abgeschnitten war und wo der nächste Arzt und das nächste Krankenhaus mehr als 300 Kilometer entfernt waren.

Hier stellte sich uns das Problem der Geburtenregelung in doppelter Weise: Einmal stießen wir auf eine unerwartet hohe Zahl kinderloser Ehepaare. Das hing nicht nur mit den von Europa eingeschleppten Geschlechtskrankheiten zusammen, sondern auch mit den bereits erwähnten falschen Vorstellungen von den fruchtbaren Tagen der Frau. Für diese Ehepaare suchten wir also nach einer für sie zugänglichen Möglichkeit, diese Tage sicherer zu bestimmen.

Andererseits wächst im heutigen Afrika mehr und mehr der Wunsch, die Kinderzahl zu begrenzen, was die verschiedensten Gründe hat. Einer sei hier erwähnt: Die Schulbildung, die afrikanische Eltern ihren Kindern gewähren wollen, ist für sie äußerst kostspielig.

Wir suchten also nach einer Methode zur Empfängnisregelung, die folgende Forderungen erfüllen sollte:

a) sie mußte zuverlässig sein,
b) sie durfte nichts kosten,
c) die Anwendung durfte die Gesundheit nicht gefährden,
d) sie durfte keine ärztliche Hilfe oder Überwachung erfordern,
e) sie mußte für jedes Ehepaar im hintersten afrikanischen Busch anwendbar und zugänglich sein.

Keine der uns damals bekannten Methoden erfüllte jedoch diese Bedingungen. Hinzu kam noch folgende Schwierigkeit: die Afrikaner haben im allgemeinen eine instinktive Abneigung gegen alle künstlichen Mittel, seien sie nun mechanischer oder chemischer Art. Auch die Regierungen der afrikanischen Staaten stehen aus den verschiedensten Motiven heraus vielfach diesen Mitteln skeptisch und mißtrauisch gegenüber. Daher ist in manchen afrikanischen Staaten Familienplanung mit künstlichen Mitteln verboten.

Auch nach unserer Rückkehr nach Europa blieben wir ständig auf der Suche nach einer Lösung. Dabei stießen wir in einer medizinischen Zeitschrift auf einen Artikel von Dr. med. Josef Rötzer und stellten fest, daß er nur wenige Kilometer von uns entfernt lebte.

Es gibt im Leben eigenartige Führungen Gottes: Meine Begegnung mit Dr. Kegel, von der ich bereits erzählte, war eine solche Führung. Meine — unsere — Begegnung mit Dr. Rötzer war eine andere. Ähnlich wie Dr. Kegel seine Lebensarbeit der Erforschung der Beckenbodenmuskulatur gewidmet hat, hat Dr. Rötzer seit zwei Jahrzehnten wissenschaftlich an der Bestimmbarkeit der fruchtbaren Tage der Frau gearbeitet und Zehntausende von weiblichen Zyklen miteinander verglichen. Vieles, was ich in diesem Kapitel weitergebe, verdanke ich der Zusammenarbeit mit ihm.

Je mehr wir uns mit den Ergebnissen seiner Forschungsarbeit vertraut machten, um so mehr erkannten wir, daß die von ihm vorgeschlagene Ovulationsmethode die Forderungen erfüllte, die wir für unsere Arbeit in Afrika brauchten. Nicht nur, daß sie zuverlässig war und weder

Geld noch einen Arzt erforderte, nicht nur, daß sie der Abneigung der Afrikaner gegen künstliche Mittel entgegenkam und bei keiner Regierung Anstoß erregte — sie war auch ganz leicht anwendbar, selbst für Analphabeten. Wie wir auf unseren Vortragsreisen durch Afrika bald feststellen konnten, war die Beobachtung des Zervixschleimes für die Afrikanerinnen im allgemeinen nichts Neues. Viele hatten dieses Symptom bereits wahrgenommen, aber sie konnten es nicht in seiner Bedeutung für die Fruchtbarkeit interpretieren.

Obendrein aber hatte die Ovulationsmethode noch eine »Nebenwirkung«: Sie half einem der Hauptziele unserer Ehearbeit in Afrika näherzukommen: sie förderte das Gespräch zwischen Mann und Frau.

Nur für den Busch?

Im Gespräch mit Ehepaaren in Europa entdeckten wir nun auch hier bei vielen ein Unbehagen in bezug auf die angebotenen Maßnahmen zum Umgang mit der Fruchtbarkeit. Auch hier stießen wir oft auf eine Abneigung gegen künstliche Mittel — und das bei weitem nicht nur bei katholischen Ehepaaren.

Daß auch in Europa noch keine befriedigende Lösung des Problems gefunden ist, beweist im Grunde schon die ständig wachsende Zahl der Abtreibungen. Wären die vorgeschlagenen empfängnisverhütenden Maßnahmen so sicher und so zufriedenstellend in ihrer Anwendung, wie vielfach behauptet wird, dürfte es eigentlich das Problem der ungewollten Schwangerschaft nicht mehr geben.

Daß hier Mangel an Disziplin und Information auch eine Rolle spielen, steht auf einem anderen Blatt.

Dr. Rötzer schreibt: »Ohne das Wissen um die Zeugungsvorgänge nützt kein mechanisches oder lokales chemisches Verhütungsmittel, versagt um so mehr der unterbrochene Verkehr, da alle diese Maßnahmen nur an den unfruchtbaren Tagen der Frau zuverlässig sind.«[16]

Sie sind aber für viele Ehepaare offensichtlich auch deshalb nicht zufriedenstellend, weil sie das intime Eheleben beeinträchtigen und somit vor die Wahl stellen, entweder die Freude am Liebesakt zu opfern oder eine ungewollte Schwangerschaft zu riskieren.

Deshalb meinen wir, daß die Ovulationsmethode nicht nur für die Entwicklungsländer, sondern auch für Europa und Amerika eine Antwort enthält. Sie gewinnt daher weltweit immer größere Verbreitung. Ich will sie hier kurz beschreiben.

Beschreibung der Ovulationsmethode

Die Ovulationsmethode beruht auf zwei wissenschaftlich erhärteten Tatsachen:

a) Zur Zeit des Eisprungs können bestimmte körperliche Symptome beobachtet werden.

b) In Zusammenhang mit dem Eisprung steigt die Körpertemperatur an.

Eine Empfängnis kann nur eintreten, wenn sich im Halsteil der Gebärmutter eine eigenartige schleimige Flüssigkeit bildet, die durch die Scheide nach außen abfließt. An der Mehrzahl der Tage eines Regelmonats befindet sich am äußeren Muttermund und im Halskanal ein dicklicher Schleimpfropfen, den die Samen des Mannes nicht durchdringen können. Wenn aber die Zeit des Eisprungs herannaht, wird die Öffnung am äußeren Muttermund größer, der Halskanal wird weiter und der bis dahin dickliche Schleim wird dünnflüssig, und es wird derart viel davon gebildet, daß er sich wie ein kleiner Wasserfall vom Halskanal in die Scheide ergießt. Dadurch entstehen Bedingungen, die das Überleben der Samenfäden begünstigen. In dem Schleim können sie sehr schnell von der Scheide in die Gebärmutter hineinwandern.[16]

Der Eisprung kann also an fünf Symptomen festgestellt werden:

1. Ein vermehrtes Feuchtwerden am Eingang der Scheide ist oft das erste. Wenn der Tag des Eisprungs nä-

herkommt, wird der Ausfluß stärker und weißlich-klar, manchmal sogar glasig-durchscheinend wie Eiweiß. Wenn eine Frau dies mit Hilfe eines Stückes Toilettenpapier prüft, wird sie bemerken, daß er etwas ausziehbar (fadenziehend) ist.

Wie jede Frau Bescheid weiß über die Tage des »roten Abganges« (englisch »red loss«), ist es für die meisten Frauen möglich, die Tage knapp vor und während des Eisprungs durch die Beobachtung des Zervixschleims oder des »weißen Abgangs« (»white loss«) zu erkennen. Der »weiße Abgang« ist ein Zeichen durchaus gesunder körperlicher Verhältnisse. Allerdings hindern Scheidenspülungen und Sprays am Scheideneingang diese Beobachtungen. Frauenärzte raten ohnehin davon ab.

2. Ein zweites Symptom des Eisprungs, das viele Frauen verspüren können, ist ein deutlicher Schmerz im Unterleib, bisweilen scharf wie ein Messerstich. Dies ist der »Mittelschmerz«, der mit dem Eisprung in Verbindung steht.

3. Einige Frauen nehmen an den Tagen vor dem Eisprung ein eigenartiges Ziehen oder Prickeln in der Brust wahr, das von dem Völlegefühl nach Ablauf des Eisprungs genau unterschieden werden kann.

4. Manchmal kann eine geringe Menge rosaroten Blutes oder rosaroten Zervixschleimes am Eingang zur Scheide beobachtet werden. Dies hängt ebenfalls mit dem Eisprung zusammen. Manche Frauen verwechseln dieses Symptom mit dem roten Abgang und meinen, sie haben einen besonders unregelmäßigen Zyklus.

5. Um ganz sicher zu gehen, kann man zusätzlich noch die Messung der täglichen Aufwachtemperatur vornehmen. Um die Zeit des Eisprunges steigt die Aufwachtemperatur der Frau an und verbleibt bis zum Ende des Zyklus auf einer höheren Lage. Die Änderung der Temperatur ist auf die Bildung des Hormons Progesteron zurückzuführen (siehe Abbildung 4), das zugleich die Freigabe eines weiteren Eies aus dem Eierstock verhindert. Es ist wichtig, sich daran zu erinnern, denn dies bedeutet, daß es in jedem Zyklus eine eindeutig bestimmte Phase der Unfrucht-

barkeit gibt, die durch die Temperaturerhöhung erkannt werden kann.

Dies kann mit einem gewöhnlichen Fieberthermometer geschehen. Die Quecksilbersäule des Thermometers sollte schon am Abend hinuntergeschüttelt werden und das Thermometer griffbereit auf dem Nachttisch liegen. Unmittelbar nach dem Aufwachen sollte die Frau ihre Temperatur mindestens 5 Minuten lang entweder im Darm (rektal) oder im geschlossenen Mund unter der Zunge (oral) messen. Die rektale Messung ist zuverlässiger. Messungen in der Achselhöhle sind unbrauchbar.

Jeden Tag wird die Aufwachtemperatur aufgezeichnet, wie es in Abbildung 6 dargestellt ist. Eine Frau kann dann beobachten, daß nach der Regelblutung ihre Temperatur bis um die Zeit des Eisprunges niedrig bleibt. Dann beginnt sie anzusteigen. Sie bleibt auf der höheren Lage bis kurz vor Eintreten der nächsten Regelblutung. Das Absinken der Temperatur ist ein Zeichen, daß die nächste Regelblutung unmittelbar bevorsteht. Wenn die Frau jedoch schwanger geworden ist, wird die Temperatur nicht absinken, sondern bleibt auf der höheren Lage. Wenn eine Frau länger als 16 Tage höhere Temperatur feststellen kann, weiß sie, daß sie schwanger ist.

Um eine zuverlässige Messung der Aufwachtemperatur zu haben, ist es nötig, daß die Frau mindestens eine Stunde vorher Ruhe gehabt hat. Das heißt, auch wenn sie mehrmals wegen eines kranken Kindes aufstehen mußte, kann sie trotzdem eine brauchbare Messung ihrer Temperatur vornehmen. Auch Frauen, die Nachtdienst haben und tagsüber schlafen müssen, können ihre Aufwachtemperatur messen. Es kommt lediglich darauf an, daß die Messungen täglich ungefähr zur gleichen Zeit erfolgen. Wenn eine Frau Fieber hat, wird ihre Aufwachtemperatur so stark steigen, daß man dies vom normalen Temperaturanstieg nach dem Eisprung deutlich unterscheiden kann.

Gerade auch bei unregelmäßigem Zyklus ist die Temperaturmessung besonders wertvoll. Sie kann dann zum Beispiel einen Hinweis liefern, warum trotz Kinderwunsches

Abb. 6:

Regelmonat mit fruchtbaren und unfruchtbaren Phasen. Die 3 höheren Messungen hintereinander werden umrandet.

S = schleimig-fadenziehender Ausfluß

M = Mittelschmerz

X = volle eheliche Vereinigung

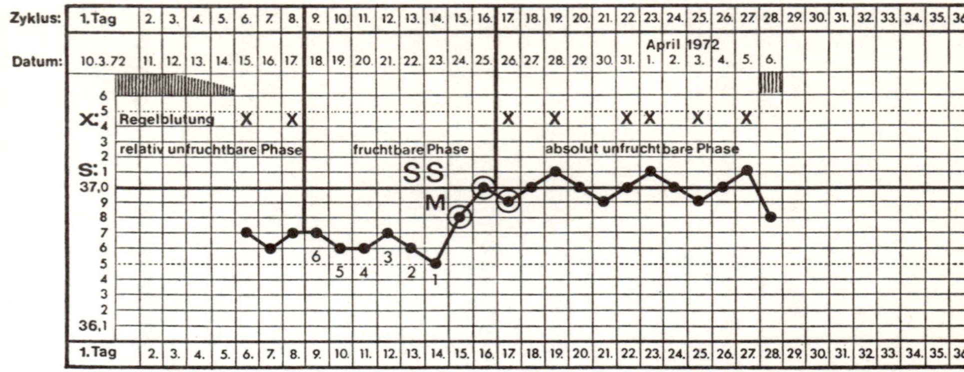

Abb. 7 A, B und C

A

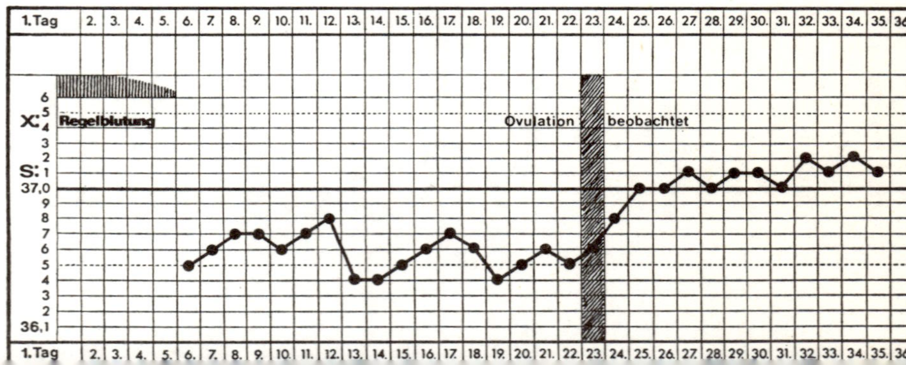

Frau „A" erwartet ihre Periode am 37. Tag. Sie hat ihren Eisprung am 23. Tag beobachtet und in dieser Zeit keine sexuellen Bezie-

Frau „B“ weiß, daß sie schwanger ist. Sie hat ihren Eisprung am 13. Tag beobachtet und in dieser Zeit Verkehr gehabt. Seit 20 Tagen bleibt ihre Temperatur in der Hochlage.

B

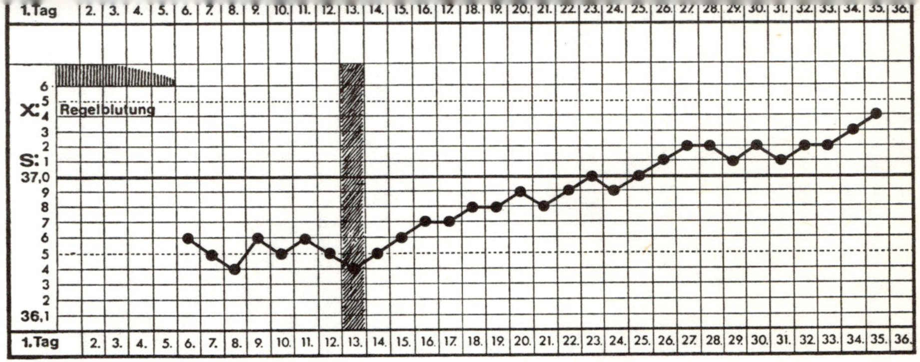

Frau „C“ weiß nichts. Sie hat ihren Eisprung nicht beobachtet. Sie weiß nicht, ob sie schwanger ist oder ob es sich nur um einen verlängerten Zyklus handelt. Möglicherweise nimmt sie das Letztere an, hat Verkehr und wird schwanger, obwohl sie es gar nicht will.

C

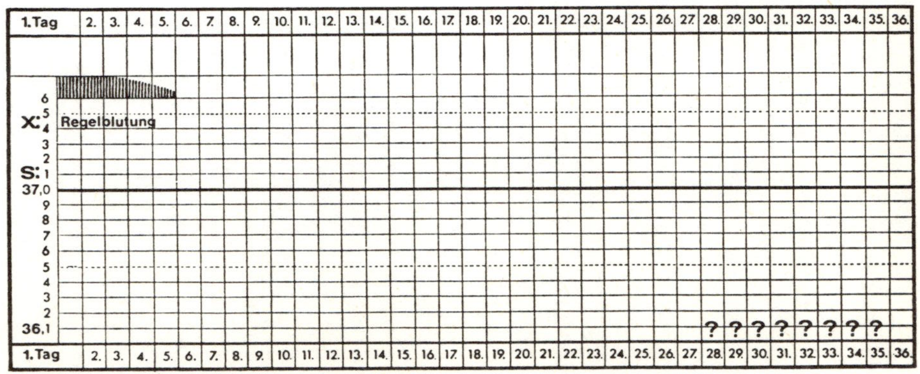

keine Schwangerschaft eintritt. Bleibt die Temperatur in Tieflage bis zur nächsten Blutung, hat kein Eisprung stattgefunden. Ist die Hochlage zu kurz — weniger als 7 Tage — kann sich das befruchtete Ei nicht einnisten. In beiden Fällen ist eine Behandlung möglich.

Wenn Mann und Frau ein Schulheft mit kariertem Papier zur Hand nehmen und die angeführten körperlichen Zeichen ebenso wie die Regelblutung an den entsprechenden Tagen einzeichnen, dann können sie leicht die fruchtbaren Tage im Zyklus bestimmen (siehe Abbildung 6). Man kann die Tage mit dem elastischen Schleim mit einem S bezeichnen und den Mittelschmerz mit einem M.

Das Ei bleibt nach seiner Freigabe aus dem Eierstock nur 24 Stunden befruchtungsfähig. Der Same des Mannes kann länger befruchtungsfähig bleiben, höchstens aber zwei bis drei Tage. Daher begrenzt sich die Zeit, in der ein Kind empfangen werden kann, nach der Regel von Dr. Rötzer auf die sechs Tage, die dem Temperaturanstieg vorausgehen, und die ersten beiden Tage der drei höheren Messungen hintereinander nach Aufhören des Zeichens S (siehe Abbildung 6). Innerhalb dieser 8 möglicherweise fruchtbaren Tage sind die 4 tatsächlich fruchtbaren Tage zu suchen. Der Abend der dritten höheren Messung fällt bereits in die unfruchtbare Zeit. Die kombinierte Beobachtung von Zervixschleim und Temperatur bietet also die größte Sicherheit.

Pluspunkte

1. Hilfe zur Selbstannahme:
Im ersten Kapitel habe ich dargelegt, wie nötig es ist, sich selbst anzunehmen, um mit Freuden Frau sein zu können, und wie zu dieser Selbstannahme auch die Annahme des Leibes gehört. Die Selbstbeobachtung, zu der die Ovulationsmethode erzieht, ist nun eine ganz große Hilfe zu dieser leiblichen Selbstannahme. Schon das junge Mädchen sollte damit anfangen, ganz gleich, ob es einmal heiraten wird oder nicht. Das bewußte Leben im Einklang mit dem

Rhythmus des Zyklus, mit seinen Stimmungen und seinen körperlichen Erscheinungen, trägt dazu bei, im Einklang mit sich selbst zu leben.

Eine reife, unverheiratete Frau von dreißig Jahren sagte mir: »Wenn ich diese Vorgänge bewußt erlebe, möchte ich auf die Knie fallen vor Ehrfurcht und Dankbarkeit.«

Eine verheiratete Frau, die diese Methode erst nach drei Schwangerschaften kennengelernt hatte, sagte: »Ich empfinde, daß sie ganz meinem Frausein entspricht.«

2. Vertiefung des Ein-Fleisch-Seins:
Der verheirateten Frau ist eine Möglichkeit gegeben, dem Einssein mit ihrem Mann eine neue Dimension hinzuzufügen. Denn die Ovulationsmethode setzt voraus, daß man miteinander spricht und daß der Mann Anteil nimmt am körperlichen Erleben seiner Frau und sie liebt »als seinen eigenen Leib« (Eph. 5,28).

Eine neue Achtung vor dem Schöpferischen und Lebendigen gewinnt Raum in der Ehe und damit eine neue als Bereicherung empfundene Achtung vor dem anderen als Person. Nicht der eine oder der andere wendet hier ein »Ding« an, sondern gemeinsam als Paar wird der Weg beschritten. Hierzu gehört auch ganz praktisch, daß sich der Mann einmal um die Kinder kümmert, wenn die Frau gerade mit der Temperaturmessung beschäftigt ist.

Die periodische Enthaltsamkeit wird gerade nicht als Verlust, sondern als Gewinn empfunden. Ein französisches Ehepaar drückte das so aus: »Es hat uns geholfen, auf anderen Registern der Liebe zu spielen, andere Formen der Fruchtbarkeit zu entdecken.«

Wer aburteilend von der »Liebe nach Fahrplan« spricht, hat meist diese Dimension der Vertiefung des Ein-Fleisch-Seins nie erfahren, zumal nicht nachzuweisen ist, daß die Frau an den fruchtbaren Tagen mehr Verlangen hat. Dieses Verlangen mag lediglich psychische Gründe haben, ähnlich wie es manchen Katholiken erging, die, als noch strenge Fastengesetze galten, ausgerechnet am Freitag besonders Appetit auf Fleisch hatten.[17]

Hier noch einmal das Zeugnis eines Ehepaares: »Weil uns die zeitweilige Enthaltsamkeit Mühe bereitete, hat sie unserer Liebe eine neue Qualität hinzugefügt und uns vor der Monotonie bewahrt ... Als wir ein Kind wollten und daher häufig zusammenkamen, erreichten wir bald nicht mehr die volle Freude ... Wenn wir die Disziplin des Verzichtens nicht mehr brauchen, wie etwa in Zeiten der Schwangerschaft, fehlt uns etwas.«

Das Gefühl, auch begehrt zu sein, wenn eine sexuelle Vereinigung nicht möglich ist, macht die Frau dankbar. Gleichzeitig steigt die Achtung, die sie vor einem Mann empfindet, der um der Liebe willen gern verzichtet. Von hier aus fällt ein neues Licht auf die Ermahnung des Apostels Paulus an die Ehepaare: »Ordnet euch einander unter!« (Eph. 5,21).

3. Bewußter Umgang mit der Fruchtbarkeit

Die Ovulationsmethode ermöglicht es, ein Kind dann zu planen, wenn man sich dazu von Gott geführt weiß, und die Empfängnis nicht einfach dem Zufall zu überlassen.

Eine Pfarrfrau sagte mir einmal, daß die Methode Knaus-Ogino die einzig gottgewollte sei, da sie so unzuverlässig sei, denn da »habe Gott wenigstens noch eine Chance«. Sie verwechselte Gott mit dem Zufall. Wir sind aber keine Spielbälle einer blinden Macht, sondern Kinder des himmlischen Vaters, die sein Geist treibt (Röm. 8,14).

Die Zahl der kinderlosen Ehepaare bewegt sich zwischen 10 und 15 Prozent. Oftmals wird für sie der Kinderwunsch unerfüllt bleiben müssen, was übrigens in der Hälfte der Fälle am Mann liegt. Aber in vielen Fällen könnte es eine Hilfe sein, die empfängnisgünstige Zeit zu kennen. Sie kann manchmal nur wenige Stunden innerhalb eines Regelmonats betragen, ist aber bei keiner Frau länger als vier Tage.

An dieser Stelle sei auch darauf hingewiesen, daß die Zahl der Geburten in fast allen Staaten Europas und in den USA ständig sinkt. Verantwortungsvoller Umgang mit der Fruchtbarkeit muß also auch von da her bedacht werden. In keinem Land der Erde bin ich übrigens auf eine so große Kinderfeindlichkeit gestoßen wie in Deutschland. Es führt wohl eine direkte Linie von der Verachtung der Frau als Frau zur Verachtung der Frau als Mutter und von da zur Kinderfeindlichkeit und zur Abtreibung.

Den bewußten Umgang mit der Fruchtbarkeit sollte ein Paar nicht erst nach dem ersten Kind beginnen. Eigentlich ist es dafür am Hochzeitstag auch schon zu spät. Dem jungen Mädchen, das schon vor der Ehe gelernt hat, bewußt mit seinem Zyklus zu leben, kommt diese Erfahrung als Ehefrau nur zugute. Ja, es kann sogar der Hochzeitstag nach dem Zyklus geplant werden.

Das Wissen um die Zeit des Eisprunges kann übrigens nicht nur der Planung eines Kindes, sondern auch dessen Geschlechtsbestimmung dienen. Wenn die eheliche Vereinigung am Tag der Ovulation oder kurz danach erfolgt, ist die Wahrscheinlichkeit, daß ein Junge empfangen wird, jedenfalls größer.

Das hängt damit zusammen, daß die Samen, die zur Zeugung eines Jungen führen, schneller wandern als die »weiblichen« und daher die Eizelle früher erreichen. Findet die Vereinigung hingegen einige Tage vor dem Eisprung statt, dann sind mit großer Wahrscheinlichkeit am Tage des Eisprunges nur noch die Samen befruchtungsfähig, die zur Zeugung eines Mädchens führen, denn ihre Lebensdauer ist länger.

Erzwungen werden kann eine Empfängnis jedoch nie. Denn auch an den fruchtbaren Tagen der Frau besteht nur eine Wahrscheinlichkeit von etwa 40 Prozent, daß eine Empfängnis tatsächlich eintritt. Sie ist also nicht dem Menschen einfach verfügbar. Bewußter Umgang mit der Fruchtbarkeit ist keine Manipulation Gottes.

4. Selbständigkeit des Paares

Nicht von Gott, aber vom Arzt wird das Paar unabhängig. Die meisten wirksamen empfängnisverhütenden Maßnahmen, allen voran die sogenannte »Pille«, erfordern Verschreibung und Überwachung durch einen Arzt. Warum soll aber die gesunde und normale Frau ausgerechnet dann gezwungen sein, zur Patientin zu werden, wenn sie mit ihrer Fruchtbarkeit umgehen will?

Die Ovulationsmethode ermöglicht es dem Paar, selbständig damit umzugehen, und entspricht damit weit mehr der Menschenwürde.

Hier sei noch ein erklärendes Wort gesagt, warum so viele Ärzte dieser Methode unwissend oder skeptisch gegenüberstehen. Das ist nicht ihre Schuld, denn die Ärzte unserer Generation wurden über die Vorgänge, die der Ovulationsmethode zugrunde liegen, während ihres Studiums nicht informiert. So erhielt kürzlich eine Bekannte von mir, die den Zervixschleim beobachtet hatte und ihren Hausarzt befragte, nur die Auskunft: »Es ist nichts Schlimmes. Machen Sie sich keine Sorgen.« Eine Interpretation erhielt sie genausowenig wie jene Frauen im afrikanischen Busch.

Die Ehe steht überhaupt bis heute leider nicht im Blickfeld des Medizinstudiums. Ein Arzt hat oft nur die Frau als Einzelperson im Auge, wenn er zu einer bestimmten empfängnisverhütenden Maßnahme rät. Er überlegt sich meist nicht, wie sich das auf die Ehe auswirkt. In diesem Zusammenhang spricht Christa Meves einmal von einer neuen Art von Neurosen, die dadurch entstehen, daß die »bepillten Frauen« ihre Männer sexuell überfordern.

Gibt aber die Ovulationsmethode auch genügend Sicherheit und damit Angstfreiheit? Um diese Frage zu beantworten, sei hier kurz ein Vergleich mit den künstlichen Methoden hinzugefügt. Dieser Vergleich ist keineswegs umfassend. Nur auf einiges möchte ich hinweisen.

Künstliche Methoden

Dr. Christopher Tietze, New York, der unbestritten bedeutendste Statistiker der Welt für Fragen der Empfängnisverhütung, teilt in seinen jüngsten Arbeiten die Methoden nach ihrer Zuverlässigkeit in vier Gruppen ein, und zwar in die wirksamsten, die hochwirksamen, die weniger wirksamen und die am geringsten wirksamen Methoden. In der ersten Gruppe der höchsten Zuverlässigkeit erscheint die Pille. Zugleich mit der Pille wird in dieser Gruppe nur noch die Methode angeführt, die allein die Messung der Aufwachtemperatur anwendet. Fügt man noch die Selbstbeobachtung des Zervixschleimes hinzu, wird die Sicherheit noch mehr erhöht.

Wenn man sich vorstellt, daß 100 Ehepaare ein Jahr lang irgendeine Verhütungsmethode anwenden, dann müssen diese 100 Paare im Verlaufe eines Jahres mit folgender Anzahl ungewollter Schwangerschaften rechnen[16]:

Coitus interruptus (Unterbrochener Verkehr)	10—38
Scheidenspülung nach Verkehr	36
Diaphragma und Creme	4—36
Creme od. Gelee allein (od. Vaginaltabletten)	7—42
Kondom (Präservativ)	6—19
Methode Knaus-Ogino	6—14
Intrauterinpessare neuer Art (Spirale in der Gebärmutter)	3— 5
Temperaturmessung (Aufwachtemperatur, Basaltemperatur)	0,5—1,3
Rötzers Erfahrungen mit der Aufwachtemperatur und Selbstbeobachtung	0,7
Ovulationshemmer (»Pille«)	0,7—1

Oft hört man, daß einem Ehepaar irgendeine dieser Methoden empfohlen, ihm dabei aber die Möglichkeit des Versagens verschwiegen wurde. Dr. Rötzer schreibt dazu folgendes:

»Es gelingt mit keiner dieser Methoden, eine Empfängnis mit Sicherheit zu verhüten ... Die eigentliche Ursache dieser Unzuverlässigkeit liegt in der Natur der wenigen fruchtbaren Tage der Frau. An den fruchtbaren Tagen sind von Natur aus die besten Voraussetzungen geschaffen, daß die Samenzellen durch Scheide und Gebärmutter zum Ei gelangen können. Selbst die Technik der zweiten Hälfte des 20. Jahrhunderts hat es nicht vermocht, eine Methode zu erfinden, welche den Samenzellen ein unüberwindliches Hindernis entgegensetzt. Das bedeutet aber, daß die Kenntnis über die Lage der fruchtbaren Tage für alle Ehepaare von Bedeutung ist, wie immer sie auch sonst zu den Methoden der Empfängnisverhütung stehen mögen. An den unfruchtbaren Tagen ist eine Empfängnisverhütung nicht notwendig, an den wenigen fruchtbaren Tagen ist sie in einem hohen Ausmaß zum Scheitern verurteilt.«[16]

Daß die Anwendung des unterbrochenen Verkehrs und die des Kondoms die Freude am Liebesakt vor allem für die Frau besonders beeinträchtigen, braucht nach allem, was ich im zweiten Kapitel sagte, nicht noch erklärt zu werden. Besonders auffallend ist auch die hohe Versagerquote beim Kondom. Das hängt damit zusammen, daß, selbst wenn es nicht reißt, Samen am oberen Rand austreten können — ähnlich wie der Rand eines Gummihandschuhs feucht wird beim Überstreifen über den Finger. Die Gefahr des Abstreifens nach Rückgang der Erektion ist besonders groß.

Übrigens sind in letzter Zeit auch Fälle bekannt geworden, bei denen nach dem als »petting« bezeichneten Reizspiel ungewollte Schwangerschaften entstanden sind.

Die Intrauterinpessare — Ringe oder Spiralen — sind Fremdkörper, die in die Gebärmutterhöhle eingelegt werden und die Einnistung der befruchteten Eizelle verhindern, also die Weiterentwicklung bereits begonnenen Lebens abbrechen. Sie verursachen künstlich Entzündungen der Gebärmutterschleimhaut, und ein Teil der Frauen vertragen sie nicht. Viele haben eine verstärkte Blutung bei der Menstruation. Außerdem ist die Gefahr groß, die Spiralen zu verlieren, ohne daß es bemerkt wird. Eine Zeitlang meinte man, Spiralen seien die Lösung für die Entwicklungsländer. Man ist davon, zum Beispiel in Indien, wieder abgekommen. Der erhöhte Blutverlust ist für die ohnehin meist blutarmen Frauen nicht tragbar, ganz abgesehen von der hohen Unsicherheitsquote.

Selbst die Sterilisierung der Frau ist kein absolut sicherer Schutz. Komplikationen als Folgen der Operation und sogar gelegentlich Todesfälle sind nicht auszuschließen.

Natürlich ist dieser schwere Eingriff nicht mehr rückgängig zu machen. Ist er einmal geschehen, werden viele Frauen innerlich damit nicht mehr fertig. Hier einige Sätze aus einem Brief von einer Frau um die Mitte der Dreißig, der für viele steht: »Heute vor einem Jahr ist unser zweites Kind zur Welt gekommen. Gleich nach der Geburt habe ich mich unterbinden lassen. Mit dieser Tatsache werde ich nun einfach nicht fertig. Ich empfinde sie, obwohl ich es nie für möglich gehalten hätte, als eine starke seelische Belastung.«

Manche meinen, daß die Samenleiterunterbindung beim Mann eine Lösung sei. Jüngste Untersuchungen[18] in Amerika haben jedoch ergeben, daß die zurückgestauten zerfallenen Samenzellen durch Platzen der Samenkanälchen in das Gewebe austreten. Das kann zur Bildung von Gegenkörpern führen, die den Mann anfälliger machen für rheumatische Erkrankungen und Multiple Sklerose. Die Harnsäure im Blut, die für Gicht zuständig ist, steigt auf das Mehrfache an. — In den USA sind bis jetzt drei Millionen Männer vasektomiert. Die nachteiligen Folgen, die kein Mensch voraussagen konnte oder wollte, treten jetzt erst zutage.

Es ist zu erwarten, daß Ähnliches eines Tages auch von der »Pille« gesagt werden wird. Sie ist erst seit 1956 in Anwendung, und die Folgen dieses Eingriffs können bis heute nicht abgeschätzt werden. Frauen, die sie einnehmen, sind daher mehr oder weniger Versuchskaninchen.

Die Pille enthält hormonähnliche Substanzen, die den Eisprung verhindern (Ovulationshemmer). Dadurch wird künstlich der Zustand einer Schwangerschaft nachgeahmt. Weiß man nun um die Bedeutung des Eisprunges für den Gesamtorganismus der Frau, so scheint es nicht verwunderlich, daß bei etwa der Hälfte der Frauen, wie genauere Untersuchungen ergeben haben, seelische Veränderungen auftreten können. Viele Frauen klagen über Magenbeschwerden, Brechreiz und Kopfschmerzen, aber auch über Gefühlskälte, über Niedergeschlagenheit oder Gereiztheit.

Baut man diese unerwünschten Nebenwirkungen durch andere Zusammensetzung der Pille ab, geht dies meist auf Kosten der Zuverlässigkeit. Letztere wird auch durch das Vergessen der Einnahme eingeschränkt. Denn wenn das Einnehmen nur an einigen wenigen Tagen unterbleibt, kann trotzdem ein Eisprung stattfinden und damit eine Empfängnis eintreten. Nach Aufhören der Pilleneinnahme ist die Empfängnisbereitschaft ungewöhnlich groß. Es braucht dann mehrere Monate, ehe sich der Zyklus wieder auf seinen natürlichen Rhythmus eingespielt hat. Jedenfalls bedeutet die Einnahme der Pille einen derart massiven Eingriff in den Hormonhaushalt einer an sich gesunden Frau, daß es nicht übertrieben erscheint, wenn ein amerikanischer Arzt, Dr. Herbert Ratner, sagt, »Es ist, wie wenn man mit einem Holzhammer einen Floh totschlägt«. Dr. Rötzer bezeichnet die Pille sogar als eine biologische Atombombe.

An dieser Stelle sei noch ein Abschnitt aus seinem Buch ungekürzt zitiert:

»Auf Grund alarmierender Nachrichten über Todesfälle durch Gefäßverschlüsse (Thrombosen) bei Frauen, welche die ›Pille‹ eingenommen haben, sind umfangreiche statistische Erhebungen und andere Untersuchungen durchgeführt worden. Nachdem ein Zusammenhang zunächst nicht gefunden werden konnte, haben Vergleichszahlen bei 100 000 Frauen ohne und mit Pilleneinnahme doch ergeben, daß unter der Pilleneinnahme die Zahl der Todesfälle — wenn auch nur sehr geringfügig — ansteigt. Ebenso scheint sich nun ein Zusammenhang zwischen der Einnahme der ›Pille‹ und dem Auftreten von Hirndurchblutungsstörungen mit der Möglichkeit einer Art Schlaganfall bei jungen Frauen abzuzeichnen . . .

Eine noch nicht ganz geklärte Frage ist die nach eventueller Schädigung der Nachkommenschaft. Die ältesten Kinder jener Mütter, die vor der Empfängnis durch längere Zeit die ›Pille‹ eingenommen haben, sind derzeit etwa 12 bis 15 Jahre alt. Es ist bis jetzt kein vermehrtes Auftreten von Mißbildung oder anderen Abartigkeiten festzustellen. In den letzten Jahren sind aber Untersuchungsergebnisse bekannt geworden, daß im Abortusmaterial jener Frauen, die vorher die ›Pille‹ eingenommen hatten, vermehrt Erbschäden festzustellen waren. Es handelt sich also um in ihrer Erbsubstanz geschädigte und nicht lebensfähige Früchte, die von selbst abgegangen sind. Damit ist zumindest ein Hinweis gegeben, daß die Pillenwirksamkeit sich auch auf die Erbsubstanz erstrecken kann. Dazu wird gerade von jener Wissenschaft, die sich mit der menschlichen Erblehre beschäftigt, darauf verwiesen, daß die Möglichkeit einer verdeckten Erbschädigung bei äußerlich gesund erscheinenden Kindern nicht ausgeschlossen ist. Kinder, die nach längerer Zeit der Pilleneinnahme empfangen werden, könnten Träger einer verdeckten Erbschädigung sein (heterozygote Genträger). Eine katastrophale Auswirkung wäre dann bei der Heirat zweier derartiger heterozygoter Genträger möglich. Es ist daher auf jeden Fall eine Zurückhaltung in der Pillenverordnung bei jungen Frauen angebracht, zumindest sollte die Verschreibung zeitlich eng begrenzt werden und nur eine vorübergehende Notlösung darstellen.

Es erscheint nach dem derzeitigen Wissensstand nicht verantwortbar, die ›Pille‹ über viele Jahre zu verordnen.[16]«

Daraus wird deutlich, daß für eine Frau, die vielleicht 26 Jahre alt ist und alle Kinder hat, die sie haben will, die also noch 20 fruchtbare Jahre vor sich hat, die »Pille« keinesfalls eine Lösung darstellt. Für die Frau in den Wechseljahren, wenn keine mögliche Schädigung von Nachkommenschaft mehr zu befürchten ist, stellt sich die Verordnung der Pille allerdings unter anderen Gesichtspunkten dar.

Ein Wort sei noch hinzugefügt für die jungen Mädchen.

Junge Mädchen möchte ich dringend vor der Pilleneinnahme warnen, denn sie stört ihren gesamten körperlichen Entwicklungsprozeß; ja sie können sogar dauernd unfruchtbar werden. Nach längerer Einnahme bleiben mitunter die Regelblutungen ganz aus, und eine komplizierte Behandlung wird notwendig.

Zweifellos besteht ein Zusammenhang zwischen der Verfügbarkeit der »Pille« und dem Sexkonsum in unserer Zeit. Die Zunahme der Geschlechtskrankheiten durch Promiskuität, d. h. durch ständigen Wechsel des Sexualpartners, steht sicher damit im Zusammenhang. Denn durch den Pillengebrauch fällt der Infektionsschutz weg, der zum Beispiel durch das Kondom gegeben war.

Prof. Kaiser, Köln, bringt auch die Verfrühung des Krebsalters mit dem Pillengebrauch in Zusammenhang. Das Fehlen der Angst vor der Schwangerschaft führt zu vermehrtem Verkehr bei sehr jungen Mädchen. Dadurch sind Zellveränderungen am Gebärmuttermund beobachtet worden, die die Anfälligkeit für Krebs erhöhen.

Überblickt man diese Beobachtungen, so kann man sich des Eindrucks nicht erwehren, daß auf die Anwendung der künstlichen Methoden in größerem Stil stets ein Rückschlag erfolgte. Der Grund wird wohl darin zu suchen sein, daß sie der schöpfungsmäßigen Anlage der Menschen nicht entsprechen. Der nach bestimmten Gesetzen geschaffene Leib rebelliert. Die natürlichen Methoden der Empfängnisregelung sind menschengemäßer und darum auch menschenwürdiger.

Um so wichtiger war es, daß sich einmal Fachleute, die mit diesen Methoden weltweite Erfahrung gesammelt hatten, zusammenfanden. Von einer solchen Konferenz soll am Ende dieses Kapitels noch berichtet werden.

Eine internationale Konferenz

Auf Einladung der Human Life Foundation (Stiftung Menschliches Leben) fand im Juni 1973 in Washington D. C. ein internationales Symposium über natürliche Methoden der Empfängnisregelung statt. Die Teilnehmer waren aus Kanada, Nord- und Südamerika, Australien, Korea, Taiwan, Indien, Indonesien und den Philippinen gekommen. Von Europa waren Frankreich, Österreich, Holland und Italien vertreten. Auch mein Mann und ich nahmen zusammen mit Dr. Rötzer daran teil.

Was uns auf dieser Konferenz besonders beeindruckte, war nicht nur die geistliche Atmosphäre, sondern vor allem auch die Tatsache, daß die Teilnehmer meist als Ehepaare auftraten und gemeinsam weitergaben, was sie erfahren hatten.

So berichtete das Arztehepaar Dr. Guy aus Frankreich von Erfahrungen mit Analphabeten während eines mehrjährigen Aufenthaltes auf der Insel Mauritius.

Das Arztehepaar Dr. Billings aus Australien hat die Methode der Selbstbeobachtung des Zervixschleimes so weiterentwickelt, daß es meint, sogar auf die Temperaturmessung verzichten zu können. Dr. Billings spricht nur von »feuchten« Tagen, an denen die Frau fruchtbar ist, und von »trockenen« Tagen, an denen sie unfruchtbar ist. Nach Dr. Rötzers Erfahrung ist die Sensibilisierung in unseren Breiten noch nicht so weit fortgeschritten, daß diese Vereinfachung möglich ist. Ich habe aber bewußt bisher die Bezeichnung »Sympto-Thermal-Methode« vermieden und lediglich von der »Ovulationsmethode« gesprochen, da diese Bezeichnung umfassender ist.

Die am besten organisierte und am weitesten verbreitete Organisation hat die Gruppe »S E R E N A« (Service de Régulations des Naissances — Dienst für Geburtenregelung) in Kanada aufgebaut. Dort hat man bisher über dreihundert Ehepaare ausgebildet, die andere Ehepaare besuchen und nach dem Prinzip »Paar lehrt Paare« die Methode persönlich weitergeben. Die 300 Ehepaare haben über 100 000 Menschen informiert, unter denen sich 40 000 Ehepaare befanden. Hierin zeichnet sich meines Erachtens ein neuer Weg für die Eheberatung in der Zukunft ab.

Überhaupt wurde uns während dieser Konferenz immer klarer, daß es sich bei der Ovulationsmethode nicht um eine Methode neben anderen handelt, deren Für und Wider man nach Vor- und Nachteilen abwägen kann, sondern daß sie sich grundlegend von allen anderen Methoden unterscheidet, weil sie aus einer anderen Lebenseinstellung entspringt und hinter ihr ein anderes Menschenbild steht.

Es liegt im Zuge unseres technischen Zeitalters, alles in die Gewalt menschlicher Machbarkeit zu bekommen. Die Technik nährt die Illusion, als genüge es, dem Menschen nur das rechte »Ding« zur Verfügung zu stellen, damit er seine tiefsten Probleme lösen könne, also etwa ein Kondom, eine Spirale oder eine Pille. Oberflächlich und kurzsichtig betrachtet, scheint dieser Weg zunächst zu einem gewissen Erfolg zu führen. Die Rückschläge jedoch, die die »Ding-Methoden« bisher erfahren haben, vor allem auch in den Entwicklungsländern, weisen darauf hin, daß, auf lange Sicht gesehen, der Weg des technologischen Kurzschlusses nicht zum Ziel führt. Die Abtreibung als Mittel der Geburtenregelung ist die letzte Konsequenz dieses Weges der Machbarkeit. Da er die schöpfungsmäßige Beschaffenheit des Menschen leugnet, führt er folgerichtig zur Tötung menschlichen Lebens.

Natürlich ist es einfacher und weniger zeitraubend für einen Arzt, den kurzen »Ding-Weg« einzuschlagen und »etwas« zu verordnen, als mit dem Ehepaar den langen Weg der Erziehung zu gehen. Die Frage ist nur: Dient er damit der Ehe? Dient er dem Menschen?

Die Ovulationsmethode geht den Weg der Selbsterziehung. Es ist der längere und schwerere Weg, aber auch der lohnendere. Er ermöglicht es einem Ehepaar, im Einklang mit dem Fruchtbarkeitsrhythmus zu leben, den der Schöpfer in die Frau gelegt hat. Er trägt der Tatsache Rechnung, daß der Mensch sich gerade dadurch vom Tier unterscheidet, daß er keinen Zwang zu einer Brunst kennt und darum in freier, verantwortungsvoller Entscheidung mit seiner Fruchtbarkeit umgehen darf.

Weil die verantwortungsbewußte Entscheidungsfreiheit den Menschen erst zum Menschen macht, entspricht die Ovulationsmethode dem biblischen Menschenbild am meisten.[17]

Zur Anregung für alle Ehepaare, sich persönlich die

Frage der Geburtenregelung noch einmal vorzulegen, soll das Zeugnis eines Ehepaares dies Kapitel abschließen:

»Was sollen wir sagen nach zehn Jahren Ehe? Die Ovulationsmethode hat ihr einen Lebensstil gegeben, der unsere Liebe wachsen läßt. Die zeitweise Enthaltsamkeit ist nur aus Liebe möglich und gleichzeitig liebe-belebend. Die Selbstkenntnis und Selbstannahme dient der Entfaltung der Persönlichkeit ... Großartig, ein Kind ins Leben rufen zu können, wenn die rechte Zeit dazu gekommen ist! ... Wir sind überzeugt, daß Gott in die menschliche Sexualität einen Sinn gelegt hat, der uns etwas ahnen läßt von der Größe des Menschen. Auch wenn wir diese Ahnung von Zeit zu Zeit nicht zu empfinden vermögen und wenn viele sie wohl nie empfinden, halten wir sie zutiefst für wahr. Die Ovulationsmethode hilft uns, die Achtung vor dem Schöpfungswunder Mensch Tag für Tag zu praktizieren.«[19]

3. Kapitel

Die schöne Zeit des Wartens auf das Kind

Gewißheit

Wieder muß ich hier zuerst an meine afrikanischen Schwestern denken. Sie fühlen sich dann am wohlsten, sind so ganz mit Freuden Frau, wenn sie schwanger sind. Dann fällt es ihnen am leichtesten, sich selber anzunehmen.

Die Freude des Wartens auf das Kind beginnt mit der Gewißheit der Schwangerschaft. Je eher diese Gewißheit eintritt, um so länger dauert die Freude. Wer das, was ich im letzten Kapitel beschrieb, anwendet, kann diese Gewißheit zum frühest möglichen Zeitpunkt erlangen.

Erinnern wir uns an die drei Frauen, die wir auf S. 56 bis 57 (Abb. 7 A, B und C) gekennzeichnet haben.

Es gibt keinen Grund, warum wir nicht alle dem Beispiel von Frau »B« folgen können. Sie hat ihr Kind geplant und gewollt. Sie darf nun sofort Gewißheit haben.

Ist diese Gewißheit aber erlangt, dann gibt es für sie keine größere Freude, als sie mit ihrem Mann zu teilen.

Geteilte Freude — geteilte Verantwortung

Ich möchte dieses Kapitel besonders den Ehemännern widmen, die ihre Frauen so sehr lieben, daß sie verstehen wollen, was in ihnen während der Zeit der Schwangerschaft vorgeht.

In der Sixtinischen Kapelle, der päpstlichen Hauskapelle im Vatikan zu Rom, hat Michelangelo die »Schöpfung« gemalt. Sie stellt Gott, den Vater, dar, wie er seine rechte Hand ausstreckt, um den Finger Adams zu berühren und ihm das Leben zu geben. Der starke linke Arm des Schöpfers umfaßt Eva, die Mutter aller Lebenden, als wolle er sagen: »Das ist meine Helferin, meine Mitarbeiterin im Geheimnis der Schöpfung.«

Dieser Gedanke wird dem Mann helfen, Achtung vor der schwangeren Frau zu haben. Er wird sie nicht zur Seite schieben, sondern ihr zur Seite stehen, sie beschützen, es also als seine Aufgabe annehmen, ihr bei ihrem Werk, neues Leben zu gebären, zu helfen.

Dr. Margaret Liley aus Neuseeland schreibt: »Schwangerschaft ist eine geteilte Verantwortung und einer der Zustände des Lebens, in denen man am meisten aufeinander angewiesen ist. Genauso wie das Baby nicht ohne die Mutter auskommen kann, kann auch die Frau die Schwangerschaft nicht ohne ihren Mann glücklich durchleben.«[20]

Die Schwangerschaft verbindet Mann und Frau auf eine neue Art und Weise. Wenn ich die Liebe in der Ehe mit einem wachsenden Baum vergleiche, ist eine seiner Früchte das Kind, das die Frau in ihrem Schoß trägt als eine der größten Erfüllungen ehelicher Liebe.

Welche Ehrfurcht, welches Staunen liegt in der schlichten Antwort Marias auf die Verkündigung des Engels, daß sie Mutter werde: »Siehe, ich bin des Herrn Magd. Mir geschehe, wie du gesagt hast« (Lukas 1,38).

Ein Abglanz dieser Ehrfurcht und dieses Staunens liegt über jeder Frau, wenn sie weiß, daß sie Mutter wird, und spürt, wie das neue Leben in ihrem Körper wächst. Je tiefer sie dieses Staunen empfindet und es ihrem Mann gegenüber ausdrücken kann und darf, um so mehr wird es auch ihn ergreifen und ihm helfen, mit Freuden seinen Teil der Verantwortung zu übernehmen.

Ein Vater kann nichts Besseres für sein Kind tun, als dessen Mutter zu lieben. Dieser Satz gilt nicht erst für die Zeit nach der Geburt, sondern bereits für die Zeit der Schwangerschaft.

Wie das Leben beginnt

Das Leben eines Kindes beginnt in einer einzigen Zelle, kleiner als der Punkt am Ende dieses Satzes (1/5 mm). Diese Zelle entsteht durch die Verschmelzung der weiblichen Eizelle (oder Ei genannt) mit der männlichen Samenzelle.

Das weibliche Ei ist hellgelb und rund wie ein Ball. Normalerweise gelangt jeden Monat in einem der zwei Eierstöcke der Mutter nur ein Ei zur Reife. Dieses reife Ei bricht aus dem Eierstock aus (manche Frauen fühlen dann in ihrem Unterleib jenen feinen, scharfen »Mittelschmerz«) und fällt in die trompetenförmige Öffnung des Eileiters, einer hohlen, ungefähr 20 cm langen Röhre. Das Innere der Röhre hat etwa den Durchmesser einer Haarborste. Es gibt zwei Eileiter, jeder reicht von einem der Eierstöcke bis in den Mutterleib, die Gebärmutter. Das kleine Ei kann sich nicht selbst bewegen, es wird durch sanfte Bewegungen innerhalb des Eileiters zur Gebärmutter hin befördert. Das Ei lebt auch nur kurze Zeit: 12 bis 24 Stunden. Wenn es während dieser Zeit nicht mit einer männlichen Samenzelle zusammentrifft, stirbt es bald ab, und etwa zwei Wochen später hat die Frau ihre Regelblutung.

Die männlichen Zellen (Spermien) werden in den Hoden des Vaters gebildet. Sie sind viel kleiner als das Ei. Man würde 2500 brauchen, um einen Punkt damit zu bedecken. Unter dem Mikroskop sind die Samenzellen den Kaulquappen sehr ähnlich, da jede von ihnen einen Kopf und einen Schwanz hat und schwimmen kann. Die Samenzellen können die Entfernung der ca. 8 cm durch die Gebärmutter und 20 cm durch den Eileiter in eineinhalb Stunden zurücklegen. Der Same ist meistens nur ein bis zwei Tage befruchtungsfähig. Während der geschlechtlichen Vereinigung werden bis zu 500 Millionen Samen ausgestoßen. Nur einer unter diesen Millionen wird das Ei erreichen und befruchten können. Die Wände der Gebärmutter mit ihren Gewebsfalten sind für den kleinen Samen wie hohe Berge, und während der Überquerung dieser Berge gehen viele Samen verloren. Nur die stärksten von ihnen sind noch am Leben, wenn sie die Eileiter erreichen.

Sobald sie sich dem Ei nähern, werden sie aufgeregt; ihre Schwänze bewegen sich schneller hin und her, sie schwimmen um die Wette, und die Samenzelle, die zuerst die schützende Hülle des Eies durchdringt und sich mit dem Zellkern vereinigt, hat das Ei nun befruchtet.

Drei Stunden später beginnt das Ei sich zu teilen, Während es sich zur Gebärmutter hin bewegt, entwickelt es sich innerhalb seiner ursprünglichen Haut weiter. In der Gebärmutter bleibt es 5 oder 6 Tage frei, aber dann ist seine ganze Nahrung aufgebraucht, und es muß sich ein Nest bauen, wenn es überleben will. Inzwischen ist aber schon einiges geschehen: Innerhalb der äußeren Schicht des Eies (zona pellucida) hat sich die Zelle, beginnend im Zellkern, vielfach geteilt. Noch immer ist das Ei im Durchmesser nicht größer als 1/5 mm. Aber es hat sich in seinem Innern ein kugelförmiger Zellhaufen gebildet, der sich nun in den weicher und voller gewordenen Wänden der Gebärmutter einnistet.

Der Eierstock erzeugt das Hormon Progesteron, das ein großer Freund des kleinen Eies ist, weil es zwei Dinge tut:

Erstens verhindert es, daß sich die Gebärmutter, wie sie das normalerweise für die Zeit der Regelblutung zu tun pflegt, zusammenzieht und dadurch ein Ei ausstößt. Und zweitens verhindert dieses Hormon während der Zeit der Schwangerschaft einen weiteren Eisprung.

Die ersten Monate der Schwangerschaft

Dies ist die Zeit der Anpassung an den neuen Zustand, eine werdende Mutter zu sein. Das gesamte System ihres Körpers ist von diesem Anpassungsvorgang in Mitleidenschaft gezogen. Denn nur so erklärt sich ihr erhöhtes Schlafbedürfnis, aber auch ihre Nervosität und Reizbarkeit und ihr grundloses Weinen.

Sie braucht in dieser Zeit von ihrem Mann nicht mehr, aber auch nicht weniger als ganz schlichtes Verständnis. Er muß verstehen, daß diese Reaktionen nicht aus Launenhaftigkeit und Unbeherrschtheit kommen, sondern auf Veränderungen zurückzuführen sind, die in den Körperdrüsen vor sich gehen. Wenn der Mann ihr s a g t , daß er das versteht, und ihr keinen Vorwurf macht, ist das für die Frau ein tiefer Trost und eine Hilfe, ihren neuen Zustand mehr und mehr anzunehmen.

Zu diesem neuen Zustand gehört auch das Wachsen der Brüste, in denen sie ein Stechen und Völlegefühl empfindet. Es kann auch sein, daß sie eine weiße Ausscheidung, das sogenannte Kolostrum, an ihren Brustwarzen entdeckt, das bereits der Vorbereitung auf das Stillen dient.

Sie wird auch feststellen, daß sie ihre Blase öfter entleeren muß. Das liegt daran, daß die wachsende Gebärmutter auf die Blase drückt. In ihrem normalen Zustand hat die Gebärmutter etwa die Größe von zwei zusammengehaltenen Daumen. Am Ende des dritten Schwangerschaftsmonats hat sie die Größe von zwei zusammengehaltenen Fäusten erreicht.

Am schwersten wird es für die werdende Mutter sein, mit der Übelkeit fertig zu werden, die sie morgens beim Aufstehen befallen kann. Aber gerade hier kann ihr ein verstehender Mann viel helfen.

Diese Übelkeit kommt ganz einfach daher, daß sie seit dem Schlafengehen nichts gegessen hat, während ihr Baby sich die ganze Zeit ständig von ihrem Körper ernährte. Dadurch hat sich der Blutzuckerspiegel gesenkt, und deshalb wird ihr übel.

Die Abhilfe besteht darin, daß sie darauf achtet, daß ihr Magen nie ganz leer ist. Nicht viel soll sie essen, aber dafür öfter, auch zwischen den Mahlzeiten und vielleicht sogar nachts etwas Obst oder Zwieback zu sich nehmen. Wenn ihr Mann sich dazu durchringen könnte, ihr am Morgen vor dem Aufstehen eine Tasse süßen Tee ans Bett zu bringen, würde ihr das entscheidend helfen, die Übelkeit zu überwinden.

Auch kann es sein, daß sie in dieser Zeit ausgefallene Gelüste auf gewisse Nahrungsmittel entwickelt, etwa auf saure Heringe — und ihr Mann sollte, wenn er klug ist, ohne Spott und Kopfschütteln darauf eingehen, selbst wenn das Beschaffen ein Opfer an Zeit und Geld erfordert. Mit nichts anderem kann ein Mann die Liebe seiner

Frau mehr gewinnen, als wenn er ihr zeigt, daß ihm ihr Wohlergehen am Herzen liegt. Das gilt allgemein, aber in der Zeit, in der sie ein Kind trägt, gilt es ganz besonders.

Übrigens ist es nicht wahr, daß eine werdende Mutter für zwei essen muß. Dr. Liley sagt: »Für eine normale Schwangerschaft gilt die Faustregel: Iß für einen, aber trink für zwei.« Das hat mehrere Gründe. Einer davon ist, daß der Körper auf Grund der etwas schnelleren Atmung mehr Flüssigkeit verliert. Die Luft, die wir ausatmen, ist sehr feucht. Außerdem wirkt das Baby wie ein kleines Heizungssystem; eine schwangere Frau fühlt sich wärmer, sie schwitzt mehr und verliert auch dadurch Flüssigkeit. So erklärt sich der erhöhte Wasserverlust und der damit verbundene Durst.

Damit die werdende Mutter sowohl die eigenen wie auch die Schlackenstoffe ihres Kindes leichter abtransportieren kann, verordnen ihr manche Ärzte 6—8 Gläser Flüssigkeit pro Tag. Wird die Aufnahme von Flüssigkeit vernachlässigt, findet eine Anhäufung der Schlackenstoffe im mütterlichen Körper statt, die sich gesundheitsgefährdend auf Mutter und Kind auswirken kann. Denn alle Veränderungen, die im Körper der Mutter vor sich gehen, betreffen gleichzeitig auch ihr Kind.

Nach einem Monat ist das Embryo (was so viel wie »kleine Knospe« bedeutet; so wird es in den ersten Monaten genannt), schon 0,5 cm lang. Sein Herz hat bereits zu schlagen begonnen und wird bis zum Tode weiterschlagen.

Am Ende des zweiten Monats bildet sich sein Gesicht. Arm- und Beinknospen mit den Ansätzen der Finger und Zehen sind schon da. Auch das Rückgrat hat sich zu bilden begonnen. Das einst winzige Ei ist jetzt so groß wie ein kleines Hühnerei, das Baby selbst etwa 2 1/2 cm lang.

Im dritten Monat bilden sich schon die Kiefer und die Zahnwurzelansätze. Man kann bereits erkennen, ob es ein Junge oder ein Mädchen ist.

Es ist dieser Junge oder dieses Mädchen, die im Falle einer Abtreibung getötet werden. Auch in diesem frühen Stadium geht eine Abtreibung nicht spurlos an der Mutter vorüber. Es ist wie beim Pflücken eines unreifen Apfels: Ein Stück vom Baum geht immer mit.

Die mittleren Monate der Schwangerschaft

Dies sind die schönsten Monate. In dieser Zeit fühlt sich die werdende Mutter meist ausgesprochen wohl. Das ganze System ihres Körpers arbeitet in voller Harmonie mit ihr selbst. Mutter und Baby haben einander voll angenommen, sind aufeinander eingestimmt. Ständig ertappt sich die Mutter dabei, Pläne für ihr Baby zu machen. Irgendwann während dieser drei Monate, meistens im fünften, wird sie auch die ersten schmetterlingsartigen Bewegungen des Babys spüren. Genauso wie die Muskeln im Körper eines Athleten wachsen, so nehmen die Muskeln der Gebärmutter ständig an Größe zu, indem sich neues Gewebe mit dehnbaren Fasern entwickelt.

Am Ende des vierten Monats ist das Baby zwischen 10 und 15 cm lang und wiegt ein halbes Pfund. Es befindet sich jetzt in der Zeit seines schnellsten Wachstums. Am Ende des fünften Monats hat es sein Gewicht fast verdoppelt und ist zwischen 20 cm und 25 cm lang. Die Muskeln entwickeln sich weiter. Haare sowie Augenbrauen und Augenlider wachsen. Nun kann man auch bereits den Herzschlag hören.

Wichtig ist, daß schon jetzt damit begonnen wird, auf eine gute Körperhaltung zu achten. Auch hier kann der Mann behilflich sein, indem er seine Frau dazu anhält, wie eine Königin mit zurückgeworfenen Schultern einherzuschreiten. Lobt er sie dafür und redet sie humorvoll als »Königin« oder »Majestät« an, so ist ihr das ein Anreiz, an ihrer Körperhaltung zu arbeiten.

Hat die werdende Mutter nämlich eine schlechte Haltung, so gerät der gesamte Körper aus dem natürlichen Gleichgewicht. Manchmal hilft es ihr, wenn sie sich ihr werdendes Kind wie ein senkrecht stehendes Hühnerei vorstellt und nun bemüht ist, es in dieser Stellung zu tragen. Afrikanerinnen können dies meist besser als europäische Frauen, weil sie ihre Lasten auf dem Kopf tragen, und dies ist nur bei aufrechtem Gang möglich.

An dieser Stelle sei auch ein Wort zum Bücken gesagt. Will die Frau etwas vom Boden aufheben oder neigt sie sich zu einem kleinen Kind hinab, so sollte sie dabei immer in die Hocke gehen, so daß der Rücken aufrecht bleibt und nur die Beine gebeugt werden. Andernfalls hat ihr Rücken eine zu große Zugspannung auszuhalten, was leicht zu Rückenschmerzen führen kann.

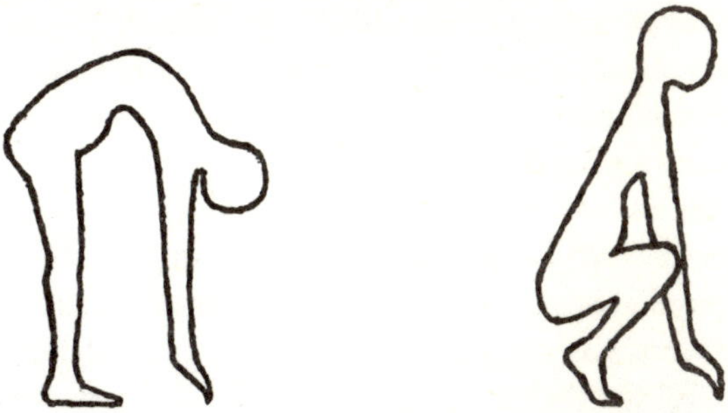

Abb. 8: Falsches Bücken richtiges Bücken

Viele Frauen machen das ganz instinktiv richtig. Aber folgende Übung sollte trotzdem regelmäßig abends vor dem Zubettgehen durchgeführt werden:

Auf dem Boden knien, am besten auf einem Teppich oder einer Matte, mit aufgestützten Handflächen. In dieser Stellung nun abwechselnd den Kopf senken und einen Katzenbuckel machen, dann den Kopf heben und ein Hohlkreuz machen (regelmäßig ein- und ausatmen). Die Frau sollte das etwa zwanzigmal tun. Wenn der Mann dabei das Zählen übernimmt, wird sie das bei der Übung anspornen.

Abb. 9: Übung zur Vermeidung von Rückenschmerzen

Das ist das beste Mittel gegen Rückenschmerzen, aber auch zur Vermeidung von Krampfadern. Gleichzeitig wird das Allgemeinbefinden gebessert.

Es gibt ein Sprichwort, das besagt, daß eine Mutter mit jedem Kind schöner wird. Das trifft besonders dann zu, wenn sie spürt, daß ihr Mann sie liebt und sie auch dann noch attraktiv findet, wenn sie schon mehrere Kinder zur Welt gebracht hat.

Nichts spricht übrigens dagegen, auch während der Zeit der Schwangerschaft sexuelle Gemeinschaft zu haben. Das Baby kann dadurch keinen Schaden erleiden. Es wächst in einer nach allen Seiten abgeschlossenen Fruchtblase heran. Das darin enthaltene Fruchtwasser, das übrigens salzig ist, schützt es vor den Schwankungen zwischen Wärme und Kälte und hat die Aufgabe, Erschütterungen und Stöße abzufangen. Selbst wenn die Mutter stürzt, wird dem Baby normalerweise nichts geschehen. Eine zusätzliche Sicherung ist der Schleimpfropf, der den Gebärmuttereingang verschließt und es dem männlichen Samen unmöglich macht, in die Gebärmutter zu gelangen.

Hat eine Frau schon mehrere Fehlgeburten hinter sich, dann ist es allerdings empfehlenswert, in den ersten drei Monaten der Schwangerschaft zumindest an denjenigen Tagen auf das geschlechtliche Beisammensein zu verzichten, an denen die Frau sonst ihre Regel hätte. Auch ist im letzten Schwangerschaftsmonat von Geschlechtsverkehr abzuraten. Im übrigen aber gilt der Grundsatz: Alles, was die Frau während der Schwangerschaft glücklich macht, tut auch dem Baby gut. In den Monaten um die Mitte der Schwangerschaft ist die Frau am meisten entspannt und darum am meisten empfänglich für Zärtlichkeitserweise ihres Mannes. Das hängt auch mit der erhöhten Empfindsamkeit der Scheide und der darumliegenden Schamlippen zusammen.

Sagt sie also, daß sie sich nach Liebe und Zärtlichkeit sehnt, dann meint sie das tatsächlich so, und ihr Mann sollte dem entgegenkommen. Schließlich ist er ja der Vater ihres Kindes, und sie möchte ihm auch auf diese Weise ihre Dankbarkeit zeigen, ihn mit hineinnehmen in das wunderbare Geschehen.

Denn auch er ist während der Zeit der Schwangerschaft seiner Frau mit seiner wachsenden Verantwortung einem Veränderungsprozeß unterworfen. Wilhelm Busch sagt: »Vater werden ist nicht schwer, Vater s e i n dagegen sehr.« Dem ist zu widersprechen: Vater werden ist a u c h schwer! Das Gefühl, beiseite geschoben zu sein, »draußen« gelassen zu werden, kann es ihm sehr schwer machen, die Aufgabe der Selbstannahme als werdender Vater zu bewältigen. Das darf die Frau nicht vergessen.

Die letzten drei Monate der Schwangerschaft

Für die Mutter ist das einer der aufregendsten Abschnitte ihres Lebens. Es ist beschwerlich für sie zu schlafen, klar zu denken, und oft wird sie ihren Mann mit ihren Gefühlen überschwemmen. Nachdem sie dann ihr Baby neun Monate lang getragen hat, ist sie voller Erwartung, denn sie weiß, daß sie es bald sehen wird.

Während des s i e b t e n M o n a t s hat es seine Augen geöffnet, seine Nerven entwickeln sich, und es hat eine schrumpelige Haut. Jetzt wäre es schon fähig, außerhalb des Körpers seiner Mutter zu leben.

Im a c h t e n M o n a t verschwinden die Falten, weil sich eine Fettschicht unter der Haut bildet; das Baby wird schöner. Zwischen dem 7. und 8. Monat dreht es sich dann um und »steht Kopf« vor seiner Geburt. In etwa 6 von 100 Fällen geschieht dieses Umdrehen nicht. Dann wird es in Steißlage geboren.

Während des letzten Schwangerschaftsmonats sinkt das Baby tiefer ins Becken hinunter, was eine vermehrte Blasenentleerung der Mutter und mitunter sogar Verstopfung zur Folge hat. Manchmal spürt sie auch, daß ihr Baby Schluckauf hat.

Nun bereitet sich der Körper der Mutter auf die Geburtswehen vor, indem die Gewebe im Muttermund, der Scheide und am Beckengrund weicher und dehnbarer werden. Oft spürt sie, daß ihre Gebärmutter hart wird und daß sich die Muskeln zusammenziehen. Das sind »Übungswehen«, die die Gebärmutter auf die Entbindung vorbereiten.

Hier sei noch ein Wort über die Gewichtszunahme während der Schwangerschaft hinzugefügt. Schwangerschaft bedeutet für jede junge Frau eine normale Gewichtszunahme, die 11 kg bis zum Schwangerschaftsende nicht überschreiten darf. Von diesen 11 kg entfallen auf die erste Schwangerschaftshälfte etwa 3, auf die zweite etwa 8 kg. Dieser Gewichtsanstieg wird nicht nur hervorgerufen durch das Wachstum der Gebärmutter (1 kg) mitsamt ihrem Inhalt: Mutterkuchen (0,5 kg), Fruchtwasser (1 kg) und Kind (3 bis 3,5 kg), sondern auch durch Vermehrung der kreisenden Blutmenge (+ 0,5 kg), der Steigerung des Stoffwechsels und der vermehrten Wasseraufnahmefähigkeit des Gewebes (2 bis 4 kg). Mit der Vorbereitung auf die Stilltätigkeit nehmen die Brüste 0,5 bis 0,7 kg an Gewicht zu. Die restlichen 1 bis 1,5 kg sind bedingt durch eine allgemeine Vermehrung des Fettgewebes. Eine Gewichtszunahme von 11 kg ist also zur Gesundhaltung in der Schwangerschaft wichtig. Nach der Geburt verliert sie sich in den ersten Wochen wieder.

Deshalb ist eine zweckmäßige Ernährung angebracht. Die drei Grundnährstoffe sind Eiweiß, Fett und Kohlehydrate. Sie sollten mengenmäßig gut abgestimmt sein und gleichzeitig den erforderlichen Bedarf an Vitaminen und Mineralsalzen liefern.

An der Spitze aller Stoffe, die während der Schwangerschaft eingeschränkt werden sollten, steht das Kochsalz. Je größer die Kochsalzzufuhr, desto größer ist die Fähigkeit des Gewebes, Wasser zu binden. Es neigt während der Schwangerschaft ohnehin dazu, Wasser zurückzuhalten. Das kommt auch darin zum Ausdruck, daß vor allem in der zweiten Hälfte der Schwangerschaft bei vielen Frauen abends die Beine anschwellen. Nach der Nachtruhe sind diese Anschwellungen wieder verschwunden. Sie können sich aber auch auf Händen und Gesicht zeigen. Dagegen ist dann unbedingt etwas zu unternehmen, denn es gefährdet Mutter und Kind. Deshalb ist eine strenge Kochsalzeinschränkung vor allem in der zweiten Schwangerschaftshälfte wichtig.

In der normalen Schwangerschaft erhöht sich die Flüssigkeitsmenge des Organismus bis zur Geburt um 4 bis 5 Liter. Deshalb besteht ein erhöhter Flüssigkeitsbedarf. Die tägliche Flüssigkeitsmenge sollte auch mindestens $1/2$ l Milch enthalten.

Bei zu starker Gewichtszunahme ist es eventuell notwendig, einmal in der Woche einen Obst- oder Reistag durchzuführen.

Auf der anderen Seite gibt es auch immer wieder Frauen, die aus übergroßer Sorge, dick zu werden, den Kalorienbedarf wesentlich unterschreiten. Durch mangelhafte Ernährung in der Schwangerschaft kommt es aber häufig zu Frühgeburten und damit oft zu lebensunfähigen Kindern.

Die Zahl der Fehlgeburten liegt bei rund einem Fünftel der ausgetragenen Kinder. Wenn ein befruchtetes Ei einen Defekt hat, wird es von der Gebärmutter ausgestoßen. Das geschieht zumeist im 2. oder 3. Schwangerschaftsmonat, und es ist gut, daß die Natur das von selber regelt. Eine menschliche Schuld liegt dabei nicht vor, und es besteht berechtigte Hoffnung, daß die nächste Schwangerschaft ganz normal verlaufen wird.

Ein Kind kommt dann zur Welt, wenn es für die Geburt reif ist. Im allgemeinen ist dies nach 36—40 Wochen der Fall. Ganz genau kann man den Zeitpunkt nicht vorausbestimmen. Wie manche Äpfel früher reif sind als andere, so kommen manche Kinder früher zur Welt als andere.

Im Durchschnitt wird eine Schwangerschaft 280 Tage dauern — vom ersten Tag der letzten Regelblutung an gerechnet. Hat diese zum Beispiel am 15. Februar begonnen, so zählt man diesem Datum 9 Monate hinzu und kommt auf den 15. November. Hierzu sind abermals 7 Tage zu addieren. Die Geburt wäre also um den 22. November herum zu erwarten. Sie kann aber auch zwei Wochen früher oder später stattfinden. Ja, es wird sogar von ganz seltenen Fällen berichtet, wo ein Kind ein volles Jahr im Mutterleib getragen wurde und dann ganz normal wie jedes andere Kind zur Welt kam.

Gerade das gemeinsame Warten auf das Mutterwerden und Vaterwerden kann Frau und Mann tief miteinander verbinden. Es ist eine reiche, eine erfüllte Zeit. In folgendem Gebet einer schwangeren Frau aus Afrika kommt das besonders schön zum Ausdruck:

Lieber Vater im Himmel, du allmächtiger und ewiger Gott,
Schöpfer von uns allen.
Ich danke dir für die Freude, daß ein neuer Mensch
in mir heranwächst.
Ich danke dir, daß du mich in deinem Werk der Schöpfung
gebrauchst.
Halte deine schützende Hand über mich und das Kind in
diesen Monaten des Wartens.
Ich denke daran, daß Jesus wie jedes andere Kind
geboren wurde.
Hilf, daß mein Kind aufwächst wie Jesus: in Kraft, Weisheit und Liebe, und in dem Wissen, daß du sein
himmlischer Vater bist.
Hilf mir, daß ich mich, meinen Mann und meine Kinder voller Vertrauen wie Maria in deine Hände legen kann. Du willst ja das Beste für uns alle.
Ich bitte es in Jesu Namen. Amen.

4. Kapitel

Die Geburt – ein eheliches Erlebnis

Auf die Mütter hören

Der Leibarzt der holländischen Königsfamilie wurde gefragt, ob seiner Meinung nach der Vater bei der Geburt dabei sein solle. Erstaunt antwortete er: Ja, wo soll er denn sonst sein?

In der Tat: Wo sonst? Ich bedauere immer die Männer ein bißchen, weil sie nie die Freude erleben können, einem Kind das Leben zu schenken. Um so größer ist der Wunsch der Mutter, dem Vater ihres Kindes soviel wie möglich Anteil zu geben an diesem Erleben und die Geburt zu einem ehelichen Erlebnis werden zu lassen.

Denn wenn ein Kind zur Welt kommt, wird ein Mann zum Vater. Nichts kann dem Mann mehr helfen, in sein Vatersein hineinzuwachsen und es anzunehmen, als wenn er bei der Vorbereitung auf die Geburt und bei der Geburt selbst seine Aufgabe übernehmen kann. Nichts als die Teilnahme ihres Mannes an diesem Erlebnis kann auch der Frau mehr helfen, ihr Muttersein voll anzunehmen und nicht nur mit Freuden Frau zu sein, sondern auch mit Freuden Mutter zu werden.

Aber man hört nicht auf uns Mütter! Unsere Meinungen über die Behandlung der Mutter bei der Geburt und die Pflege, die sie und ihr Kind dabei nötig haben, gelten wenig in unserer Gesellschaft. Verwalter und Spezialisten haben das Wort, die niemals das Regen neuen Lebens in sich gespürt haben. Rein vom Verstand her bestimmen sie, wie Krankenhäuser gebaut werden und welche Regeln und Ordnungen darin gelten sollen. Sie übersehen, daß der Gefühlsbereich bei dem Geschehen von Weitergabe des Lebens und Geburt wesentlich mitbestimmend ist. Die besonderen Gaben der Mütter, die im Feingefühl für seelische und körperliche Bedürfnisse anderer bestehen, werden unterdrückt und schlagen um in Unsicherheit und Minderwertigkeitskomplexe. Die mütterfeindlichen Regeln bewirken, daß das Geburtserleben nicht zur Stärkung, sondern im Gegenteil zur Schwächung des Ehe- und Familienlebens führt. Denn die ungerecht behandelten Mütter geben ihren Ärger und ihre Enttäuschung an Ehemänner und Kinder weiter.

Doch man hört nicht auf uns Mütter. Ich sehe darin eine Diskriminierung der Mutter, die wohl eine direkte Folge der Diskriminierung der Frau in unserer Gesellschaft ist. Zur rechtverstandenen Emanzipation der Frau gehört jedoch die Emanzipation der Mutter, und wie zur emanzipierten Frau der emanzipierte Mann gehört, gehört zur emanzipierten Mutter auch der emanzipierte Vater. Ein emanzipierter Vater aber ist bei der Geburt dabei.

Der emanzipierte Mann als Vater

In einem Vortrag, den Frau Prof. Niles Newton 1972 vor der »American Medical Association« hielt, sagte sie folgendes[23]:

»Medizinische Vorschriften verbieten im allgemeinen den Vätern, die Geburt ihrer eigenen Kinder zu sehen und ihren Frauen im fortgeschrittenen Stadium der Wehen seelische Unterstützung zu geben, trotz der Tatsache, daß das Geburtshilfeteam meist keine Zeit hat, der Frau während der Wehen Zuspruch zu geben ... Eine Geburt ist eine psychologische Krise. In einer Krise neigt der Mensch besonders dazu, starke Anhänglichkeit zu den Menschen zu entwickeln, die um ihn sind. Bleibt der Ehemann ausgeschlossen von der Teilnahme an Wehen und Entbindung, suchen viele Frauen intensiv Anschluß an ihre Geburtshelfer anstatt an ihre Ehemänner.«

Der bekannte amerikanische Frauenarzt Dr. Robert Bradley, der mehr als 8000 Entbindungen im Beisein der Ehemänner durchgeführt hat, bestätigt das. Er berichtet, wie es ihm immer wieder passierte, daß ihn entbundene Mütter in der ersten spontanen Freude umarmten, und fügt hinzu: »Ich wäre in solchen Augenblicken sehr verlegen, wenn der Mann nicht dabei sein könnte.«

Im traditionsgebundenen Afrika mag dieser Gedanke noch ungewöhnlicher sein als bei uns. Und doch stoße ich gerade dort bei Männern auf eine erstaunliche Offenheit. Als ich kürzlich vor afrikanischen Theologiestudenten über dieses Thema sprach, sagte einer von ihnen: »Gewiß stimmen wir Ihnen zu. Wir wären gern bei unseren Frauen, während sie gebären. Aber die alten Frauen, die sie während der Geburt betreuen, lassen es nicht zu. Sie behaupten, dies sei allein Sache der Frau, und der Mann habe dabei nichts verloren.«

Ist diese Reaktion typisch afrikanisch oder ist sie nicht auch bei uns zu finden? Ich bin jedenfalls auch in Deutschland hin und wieder bei Hebammen und Schwestern auf diese Feindgefühle gegenüber dem Mann gestoßen. Was mag darin zum Ausdruck kommen? Neid? Herrschsucht? Oder ganz einfach der Wunsch, noch eine Domäne der Frau zu behalten, in die der Mann nicht eindringt? Oder anders ausgedrückt: dem Mann den Weg zur Emanzipation zu versperren?

Hier der Bericht einer Frau, deren Mann vom Arzt die Erlaubnis erhalten hatte, bei der Geburt dabei zu sein:

»Toni erhielt seinen weißen Mantel und durfte gleich mit mir kommen. Nach einigen Minuten wurde er jedoch hinausgerufen, mußte den Mantel abgeben und erhielt keinen mehr, da die leitende Schwester es nicht erlaubte. So blieb nichts anderes übrig, als auf den Arzt zu warten. Toni betete draußen und ich drinnen, daß er doch bei der Geburt dabei sein könne. Als der Arzt kam, erhielt er seinen weißen Mantel zurück und durfte wieder hereinkommen. Es war für Toni eine ganz große Freude zu sehen, wie unser Söhnchen geboren wurde. Allerdings hat es hinterher noch eine Riesenaufregung gegeben. Die Oberschwester drohte mit Kündigung. In der Hausordnung mußte auf ihren Antrag hin festgelegt werden, daß künftig — außer dem Arzt — kein Mann mehr bei einer Entbindung dabei sein dürfe.«

Natürlich weiß ich, daß hinter solcher Ablehnung nicht nur Unverständnis steht. Oft machen äußere Umstände — wie etwa Kreißsäle, in denen mehrere Entbindungen gleichzeitig stattfinden — die Anwesenheit des Vaters unmöglich. Aber die tieferliegende Frage ist doch die: Warum wurden die Krankenhäuser so ehefeindlich gebaut?

Wie sehr dieses erzwungene Imstichlassen der Frau in dieser entscheidenden Stunde dem Mann und werdenden Vater die Annahme seiner selbst erschwert, zeigt folgender Brief eines bayerischen Landwirts:

»Nachdem meine Frau bereits eine gewisse Zeit Wehen hatte, brachte ich sie ins Krankenhaus bis ins Entbindungszimmer. Die Hebamme sagte in bestimmtem Ton: ›Der Mann fährt jetzt nach Hause‹, was ich auch gehorsam befolgte. Ich bin mir dabei so erbärmlich, so schäbig vorgekommen. Ich habe mich geschämt wie ein Verräter, aber ich hielt dieses Alleinelassen für unabänderlich.«

Hier der Bericht eines Ehepaars aus Pforzheim, das es durchsetzte, daß der Mann dabei sein konnte. Die Frau schreibt:

»Wie es mir seelisch zumute war, danach fragte kein Mensch — außer meinem Mann. Und das war ein köstliches Geschenk. Er informierte mich über das kleine Wesen, das sich da herausentwickelte, und sprach mir zu und machte Mut ... Es war eine derart enge Verbindung zwischen uns in diesem Geschehen, das uns doch gemeinsam betraf ... Und dann die Freude, als dieses kleine Menschlein da war! Wohl, Ärzte und Hebamme gratulierten; aber was ist das schon gegen die vor Freude leuchtenden Augen des eigenen Mannes diesem kleinen Menschenkind gegenüber und mir. Somit hatten wir es gemeinsam zur Welt gebracht. Ich sage bewußt: gemeinsam, weil ich es mit Hilfe meines Mannes viel schmerzarmer tun durfte ... Diese ersten Augenblicke nach der Geburt gemeinsam zu erleben, ist herrlich ... Geburt — nicht alleingelassen in Schmerzen; Kind — nicht allein mit der Freude; das schließt ein enges Band um unsere Familie. Es ist wunderbar zu wissen: Da betet einer für mich, und zwar ganz gezielt, weil er weiß, was los ist. Ich kann mir die Geburt ohne meinen Mann gar nicht bzw. nur als schreckliche Einsamkeit vorstellen.«

Und hier einige Abschnitte aus dem Brief des Mannes an mich:

»Vom Kopf meiner Frau aus konnte ich den Verlauf der Geburt mitsehen. Die ersten Bewegungen des Neugeborenen und der erste Schrei waren mir eine unbeschreibliche Freude. Jetzt ist mir klar, warum Sie eine gemeinsam erlebte Geburt als einen Höhepunkt der Ehe bezeichnen.

Zehn Minuten können für eine Frau in Wehen sehr lang sein! Ich wäre mir wie ein Verbrecher vorgekommen, hätte ich meine Frau in diesen Stunden alleingelassen. So konnte ich ihr den Schweiß abwischen, ihr tröstende Worte ins Ohr flüstern; sie konnte meine Hand halten und wußte, daß ich betete; und wir plauderten über alles Mögliche ... Sobald wieder eine Wehe kam, erinnerte ich sie an die richtige Atmung, die sie gelernt hatte, und an die erforderliche Entspannung. Schwangerschaftsgymnastik geht nicht nur die Frau an, sondern ebenso den Mann, zumindest die physiologisch-technische Seite dabei.

Mein Beisein war nicht nur für mich von Bedeutung, sondern es diente zugleich dazu, meine Frau von den Schmerzen abzulenken und sie ganz auf das kommende Baby zu konzentrieren ... Ich weiß gar nicht, warum man einen Mann von der Geburt ausschließen soll ... Viele Ärzte unterschätzen die psychologische Seite der Geburt und die Rolle, die der Ehemann dabei spielt. Er soll ihr engster Vertrauter sein. Er soll ihr immer helfen und sie beschützen. Es ergibt sich schon von seinem Treueversprechen her, daß er sie auch bei der Entbindung nicht allein lassen darf ... Eine Frau, die hier von ihrem Mann alleingelassen wird, neigt leicht zu einer inneren Aggression gegen ihn ... Eine neue Einheit Mann-Frau-Kind ist in ihrer Vollkommenheit nur praktikabel, wenn der Mann seine Frau in allen Stadien seines Vaterwerdens und ihres Mutterwerdens hat begleiten können ... Allerdings bin ich der

Meinung, daß der Mann über den Geburtsvorgang mit all seinen Nebenerscheinungen Bescheid wissen muß . . .«

Reiseführer und Trainer

Ja — Bescheid wissen muß er, soll er, darf er. Genauer gesagt: Beide sollen Bescheid wissen. Eine Geburt ist wie eine Reise in ein unbekanntes Land, die Mann und Frau gemeinsam unternehmen. Miteinander studieren sie vorher die Reiseroute, und je mehr der Mann informiert ist über alles, was sie erwartet, um so besser kann er seiner Frau ein Reiseführer ins unbekannte Land der Geburt werden.

Mehr noch: Er wird für sie eine Art Trainer. Denn beide müssen sich darüber im klaren sein: Die Reise ist anstrengend. Eine Geburt ist eine athletische Leistung, und nur eine körperlich trainierte Frau wird in der Lage sein, die Wehen so wirkungsvoll zu unterstützen, daß die Geburt leicht wird. Wie ein Trainer einen Sportler für einen entscheidenden Kampf vorbereitet, so kommt dem Mann die Rolle des Trainers seiner Frau zu. Er muß sich also dafür interessieren, welche Muskeln gekräftigt werden müssen und welche Übungen zu dieser Kräftigung beitragen, damit seine Frau eine möglichst schmerzarme Geburt haben kann und sie möglichst unbeschwert und sicher das Ziel der Reise erreicht. Dabei versucht er die Schwierigkeiten zu verstehen, die seine Frau auf bestimmten Etappen der Reise hat, und hilft ihr bei deren Überwindung. Auf diese Weise spielt er beim Geschehen um die Geburt nicht mehr die Rolle eines überflüssigen Störenfrieds, sondern er wird zum notwendigen Verbindungsmann zwischen dem Arzt und seiner Frau, ja, zum Vertrauten und Helfer.

Der Pariser Arzt Dr. Pierre Vellay, der mehr als 100 Entbindungen im Monat hat, nimmt nur solche Frauen zur Entbindung an, deren Männer versprechen, an dem Vorbereitungskurs auf die Geburt teilzunehmen. Auf den Einwand vieler Ärzte, daß sie keine Zeit hätten, auch noch die Männer zu instruieren, antwortet er schlicht und einfach: »Ich habe keine Zeit, es nicht zu tun, denn die Dauer der

Eduard Mörike, Dichter † 1875.

SA 4.09 SU 20.32 MA 1.18 MU 14.54

Mittwoch/Juni 4

Meinen Bogen habe ich in die Wolken gesetzt; der soll das Zeichen sein des Bundes zwischen mir und der Erde. 1. Mose 9, 13

Es gibt Wunder der Natur, die nur derjenige erlebt, der sich eine Weltreise leisten kann. Der Regenbogen aber ist für alle da. Alle können sich an ihm freuen. Aber er ist mehr als ein farbenprächtiges Ereignis. Gott hat ihn zum Erinnerungszeichen für sich und alle Welt bestimmt. Gott selbst will dabei gedenken an seine Zusage, diese Welt trotz menschlichen Versagens zu erhalten. Und wir alle werden dadurch ermutigt, immer neu darüber zu staunen, daß Gottes Geduld mit uns noch nicht am Ende ist. Er hat sich mit uns ein für allemal verbündet und hält sein Versprechen. Er steht zu seiner Liebe. Der Bogen seiner Treue bricht nicht ab. Er spannt sich auch über dem ärmsten Leben. So predigt Gott auch durch die Natur, daß er keinen Menschen aufgibt. Eindeutig jedoch verkündet das Kreuz Christi die Treue Gottes. Dort folgt auf die Sonnenfinsternis des Karfreitags der helle Ostermorgen. Wer die Schöpfung mit den Augen Jesu ansieht, begegnet jeden Tag den Zeichen der Güte Gottes. Scho-S

1. Mose 9, 1 – 17 Apostelgeschichte 8, 26 – 35

AUS DEM MONATSLIED FÜR JUNI:

Der Herr gedenkt an sein Erbarmen, und seine Wahrheit stehet fest; er trägt sein Volk auf seinen Armen und hilft, wenn alles uns verläßt. Bald schaut der ganze Kreis der Erde, wie unsers Gottes Huld erfreut. Gott will, daß sie ein Eden werde; rühm, Erde, Gottes Herrlichkeit! (EKG 186)

---

4. 6. 75

Eine Liebe kenn ich, die ist treu . . .

Heute vor 100 Jahren starb der schwäbische Pfarrer und Dichter *Eduard Mörike.* Eine alle Wirklichkeit verwandelnde Phantasie prägt schon das Jugendantlitz des früh vaterlosen Arztsohnes und verstärkt sich noch während seiner Tübinger Studienzeit. 1834 geht er als Pfarrer nach Cleversulzbach. Schon neun Jahre darauf verläßt er die Kanzel endgültig – er ist eben Dichter – und wird nach seiner späten Heirat Lehrer am Katharinenstift in Stuttgart. Zeitlebens blieb dem sensiblen Mann das bürgerliche Leben ungemeistert. Aber der Künstler in ihm findet zu hoher Meisterschaft. Trotz seiner Schwerlebigkeit ist Mörikes Lyrik von unverwelklicher Frische und Heiterkeit. Und so fremd und fern ihm kämpferisches Feuer und Konfessionsenge und -strenge bleiben, sein Bekenntnis zur Christusliebe ist lauter und tief: „Eine Liebe kenn ich, die ist treu, war getreu, solang ich sie gefunden, hat mit tiefem Seufzen immer neu, stets versöhnlich, sich mit mir verbunden. – Welcher einst mit himmlischem Gedulden bitter bittern Todestropfen trank, hing am Kreuz und büßte mein Verschulden, bis es in ein Meer von Gnade sank."

Lied: Gott ist getreu . . . GL 447 EKG (307)

J. L. K. Allendorf, Liederdichter † 1773. – Dr. Wilh. Busch, Pfr. in Frankf. * 1868. – Hudson Taylor, Gründ. d. China-Inland-Mission † 1905.

SA 4.10 SU 20.31 MA 0.58 MU 13.48

Dienstag/Juni 3

Solange die Erde steht, soll nicht aufhören Saat und Ernte, Frost und Hitze, Sommer und Winter, Tag und Nacht. *1. Mose 8, 22*

An diesen Rhythmus sind wir gewöhnt. Ist er gestört, dann bahnt sich eine Katastrophe an: wenn das Saatgut fehlt oder die Ernte verfault, wenn der Sommer nicht kommen will, wenn es am hellen Tag finster wird wie in der Nacht. Aber das sind seltene Ausnahmen – Gott sei Dank! Sie mahnen uns, Gott um so mehr dafür zu danken, daß wir mit diesem regelmäßigen Ablauf der Natur rechnen können. Er erhält unser Leben. Gott selbst ist der Bürge dafür. Er hat sich entschieden, auf die Wankelmütigkeit und Untreue der Menschen nicht mit gleicher Unverläßlichkeit zu antworten, sondern unser und überhaupt alles Leben in seine heilsame und gnädige Ordnung des Wachsens und Reifens einzubinden. Wir sollen nicht von einem Tag zum andern bangen müssen, ob wir das Nötigste bekommen. Gott nimmt uns die Angst ums Überleben durch seine stetige Treue. Und er erinnert uns, in schöpferischer und opfernder Liebe auch derer zu gedenken, die von Dürrekatastrophen und Hungersnot betroffen sind. Scho-S

1. Mose 8, 13 – 22 Hesekiel 2, 1 – 7

[redacted]

BÜCHERECKE Von erwecklicher Kraft sind die Kurzgeschichten in den fünf Erzählbändchen von W. Busch: *Kleine Erzählungen. – Man muß doch darüber sprechen. – Variationen über ein Thema. – Leben ohne Alltag. – Unter Menschen.* Jedes Büchlein 80 S., kart. DM 3.30 (Quell-Verlag Stuttgart). – Allen diesen Geschichten geht es wie dem Apostel Paulus: sie wissen nichts anderes und wollen nichts anderes als allein Christus, den Gekreuzigten.

---

3. 6. 75

„Das ist hart.“ Von Wilhelm Busch

Müde und sonnendurchglüht stieg ich nach Zermatt hinunter. Es wimmelte von Kurgästen. Viele drängten sich beim Fremdenverkehrsverein um ein Plakat, auf dem ein noch junger Bergführer einen selbstgedrehten Film anzeigte. Am Abend saß ich mit einem internationalen Publikum in dem alten Gemeindesaal. Wundervoll waren die Aufnahmen vom Aufstieg auf das Matterhorn. Aber mehr noch als diese herrlichen Landschaftsbilder packten mich die Szenen, die das harte Leben der Bergbauern zeigten. Dort oben liegen die höchsten Getreideäcker Europas. Wir sahen, wie die Bauern das kärgliche Korn ernten und in wunderlichen Backöfen ihr Brot backen. Dabei berichtete der Bergführer: „Noch im vorigen Jahrhundert wurde nur einmal im Jahr gebacken. Das gab ein steinhartes Brot. Aber man war dankbar, wenn man es hatte; denn es gab Mißernten und fürchterliche Hungerjahre.“ Und dann schloß er seinen Bericht mit einem Satz, den ich nie vergessen will. Man spürte, wie dies Wort auf das verwöhnte Publikum einen tiefen Eindruck machte. Er sagte: „Hartes Brot essen, das ist nicht hart. Aber kein Brot haben – das ist hart.“

Lied: Bescher uns, Herr, das . . . GL (567) EKG 376

Geburt einer durch ihren Mann vorbereiteten und bei der Geburt betreuten Frau verkürzt sich um 1—1½ Stunden.«

Die folgenden Ausführungen sollen nun dazu dienen, Mann und Frau miteinander mit der Reiseroute vertraut zu machen. Sie sollen die Strecke vorher so genau wie möglich kennen, damit die Geburt ihres Kindes ein wirklich beglückendes und menschenwürdiges Erlebnis für beide wird. Angst hat man nur vor dem Unbekannten. Unwissenheit und Unsicherheit machen eine Frau verkrampft und furchtsam. Weiß sie aber, was sie erwartet, kann sie die Angst überwinden. Ihr Mann kann sie aufmuntern und ihre Willenskräfte stärken, so daß sie sich auf eine gute Geburt freuen kann. Denn ihr Kind hat ein Recht darauf, gut geboren zu werden, weil dies ihm die größten Lebenschancen gibt.

Ziel der Reise: Schmerzarme Geburt

Wirklich? Darf versucht werden, Schmerz bei der Geburt zu vermeiden? Ich habe »fromme« Frauen getroffen, die allen Ernstes meinten, daß eine möglichst schmerzlose Geburt schon fast so etwas Ähnliches sei wie eine Sünde. Denn heißt es nicht in der Bibel ausdrücklich, daß die Frau »mit Schmerzen« Kinder gebären soll? Entzieht sie sich nicht dem über sie verhängten Fluch, indem sie eigenmächtig den Schmerz vermeiden will?

Dazu ist zunächst zu sagen, daß der Fluch Gottes nicht die Frau traf. Er traf die Schlange und fuhr neben Mann und Frau in die Erde (1. Mose 3,14—17). Außerdem ist der Ausdruck »mit Schmerzen Kinder gebären« unrichtig übersetzt. Das hebräische Wort sagt nichts anderes als »Mühe«, »schwere Arbeit« und ist übrigens das gleiche Wort, das im Blick auf den Mann verwendet wird, wenn es heißt, daß er sich »mit Mühsal« von seinem Acker ernähren soll (1. Mose 3,17). »Unter Mühen Kinder gebären« beinhaltet also nicht unbedingt körperlichen Schmerz. Es weist lediglich darauf hin, daß eine Geburt körperlich anstrengend sein wird.

Für uns ist die Gestalt der Eva aufgenommen und überstrahlt von der Gestalt der Maria, die, als ihr der Engel die Geburt Jesu ankündigt, antwortet: »Siehe, ich bin des Herrn Magd, mir geschehe, wie du gesagt hast« (Lukas 1,38). In dieser Gottergebenheit schwingt das menschlich Schwere und Mühevolle durchaus mit. Aber es wird überstrahlt von der Freude auf die Geburt, so daß Maria einen Lobgesang anstimmt (Luk. 1,46—53).

Jesus selbst weist auf dieses geheimnisvolle Miteinander und Ineinander von Leid und Glück hin: »Wenn eine Frau gebiert, so hat sie Traurigkeit, denn ihre Stunde ist gekommen. Wenn sie aber das Kind geboren hat, denkt sie nicht mehr an die Angst um der Freude willen, daß ein Mensch zur Welt geboren ist« (Johannes 16,21).

Deshalb glaube ich, daß eine Mutter sich getrost und mit reinem Gewissen auf die Geburt freuen darf. Für sie darf das Hervorbringen eines neuen Lebewesens, das sie sehr eng mit Gott verbindet, nicht nur ein frohmachendes geistliches, sondern auch ein frohmachendes körperliches Erlebnis sein, und sie erhält gerade dadurch eine Würde, die ihr hilft, sich selbst als Mutter anzunehmen.

Entspanntes Wandern

Um eine möglichst schmerzlose — und damit auch furchtlose — Geburt erleben zu können, müssen zwei Fähigkeiten erlernt und eingeübt werden: Das rechte Atmen und das rechte Entspannen.

Vergleicht man die Wehen mit dem Ersteigen eines Berges, so gibt es steilere und weniger steile Wegstrecken (siehe Abbildung 10). In allen Phasen aber ist das Atmen von großer Bedeutung, da sowohl der Mutter wie dem noch ungeborenen Kind stets genügend Sauerstoff zur Verfügung stehen muß.

Ohne Sauerstoff ist kein Leben möglich, denn er sorgt für den Abtransport der im Blut befindlichen Giftstoffe. Erhalten die Körperzellen keinen Sauerstoff mehr, sterben sie ab. Das gilt besonders für das Gehirn.

Abb. 10: Geburt als Bergbesteigung

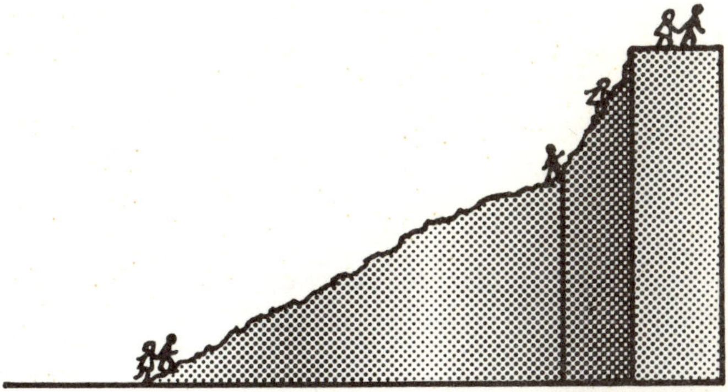

Darum kommt es vor allem während der Wehen auf das rechte Atmen an. Aber das muß schon Wochen früher eingeübt sein, ehe die Wehen einsetzen. In ihren Ruhestunden sollte die werdende Mutter schon in den ersten Schwangerschaftsmonaten lernen, tief und langsam zu atmen und dabei schon an ihr Kind zu denken.

Ihr Mann kann sie dadurch anleiten, daß er bis drei zählt, während sie langsam durch die Nase einatmet. Dann hält sie die Luft eine Sekunde lang an und atmet — während er wieder bis drei zählt — langsam aus. Das sollte so lange geübt werden, bis es mühelos geht, und täglich wiederholt werden.

Allmählich kann dann der Mann die Zeiten des Einatmens, Anhaltens und Ausatmens verlängern, etwa 4 Sekunden ein- und ausatmen und zwei Sekunden anhalten, bis sie fähig ist, so tiefe Atemzüge zu machen, daß sie auf je 10 Sekunden ein- und ausatmen und die Luft 4 Sekunden lang anhalten kann. Dabei versteht es sich von selbst, daß beim Einatmen die Bauchmuskeln eingezogen werden.

Hat die Mutter die Kunst des Tiefatmens erlernt, kann sie später ihr Atmen an die unterschiedliche Dauer der Kontraktionen (Wehen) anpassen.

Doch auch das Entspannen muß geübt werden. Das kann auf folgende Weise geschehen:

Die Frau legt sich mit dem Rücken auf den Boden, der mit einer Matte oder einem Teppich bedeckt ist. Der Kopf wird durch ein kleines Kissen im Genick gestützt und auch die Kniekehlen durch eine Kissenrolle. Um Krämpfe zu vermeiden, sollen die Beine nicht durchgedrückt werden. Die Ellbogen liegen ein wenig vom Körper ab, die Hände sind geöffnet.

Zuerst muß es die Frau neu lernen, die Muskeln von Gesicht, Nacken, Armen, Hüften und Beinen zu entspannen.

Die Entspannung der Gesichtsmuskeln geschieht auf folgende Weise: Sie runzelt die Stirn, schließt fest die Augen und beißt die Zähne zusammen. Die Entspannung geschieht dann so, daß sie die Muskeln langsam wieder löst — die Stirn glättet, Augen und Mund öffnet, bis kein Muskel mehr angespannt ist. Das sollte öfter wiederholt werden.

Das Gleiche geschieht mit den Muskeln von Nacken, Hüften und Gesäß. Sie werden angespannt und wieder gelockert, angespannt, gelockert.

Das Entspannen der Arme beginnt mit dem wiederholten Ballen und Öffnen der Fäuste. Danach hebt der Mann den einen Arm hoch und läßt ihn fallen. Der Arm muß ganz schlaff sein wie beim Schlaf oder Eintauchen ins Wasser. Da die Frau keinen Muskel rührt, fällt der Arm schwer zu Boden. Das muß mit beiden Armen und Beinen geübt werden.

Diese Entspannungsübungen sollten zweimal täglich je zehn Minuten lang durchgeführt werden. Vor der Geburt kann die Frau sie zwischen den einzelnen Wehen üben. Dabei soll sie leicht und regelmäßig atmen und sich selbst vorsagen: »Ich bin ganz entspannt.«

Nach diesen Übungen dreht sie sich ein wenig zur Seite und steht langsam auf, damit ihr nicht schwindlig wird.

An dieser Stelle muß ich noch einmal auf die Übung des Beckenbodenmuskels zurückkommen, die im 2. Kapitel ausführlich erklärt wurde. Diese Übung ist sowohl vor wie nach der Geburt von entscheidender Wichtigkeit, da dieser Muskelstrang Scheide, Harnblase und After öffnet und schließt. Beim Anspannen des Beckenbodenmuskels kann zusätzlich der Bauchnabel eingezogen und langsam eingeatmet werden. Beim langsamen Ausatmen werden die Muskeln dann wieder entspannt, bis sie ganz schlaff sind.

Scheila Kitzinger, eine englische Expertin für Geburtsvorbereitung, schlägt Frauen vor, sich den Beckenbodenmuskel wie einen Fahrstuhl vorzustellen: »Jetzt fahren wir langsam zum 5. Stock hinauf. Nach und nach werden alle Muskeln innen angespannt ... immer höher ... erster Stock ... zweiter ... dritter ... vierter ... fünfter. Jetzt Halt! Schauen wir, ob wir noch einen Stock höher kommen ... Gut! Halten wir hier einige Sekunden lang!«

Die Mutter sollte das zwölf- bis zwanzigmal ohne Unterbrechung trainieren — und das mindestens zweimal am Tag. Diese Übung kann übrigens im Sitzen, Liegen oder Stehen durchgeführt werden. Sie ist nicht nur wichtig zur Vorbereitung der Scheide auf die Geburt, sondern sie bewirkt auch, daß nach der Geburt die Scheide wieder ihre normale Form annimmt.

Sobald die werdende Mutter Rückenschmerzen in Verbindung mit Kontraktionen (Zusammenziehen der Muskeln = die Wehen) verspürt, sollte sie wissen, daß die Geburt bevorsteht. Diese Kontraktionen machen sich als ein Ziehen und Drücken im Bauch bemerkbar. Sie kommen anfangs nur alle halbe Stunde, oder alle viertel Stunde, werden dann allmählich häufiger und dauern länger.

Nun ist es Zeit, sich ins Krankenhaus zu begeben. Der Anstieg beginnt. Die Frau weiß, daß er steil werden kann und daß sie dazu die Sammlung aller Kräfte braucht.

Maria Veit hat in ihrem »Wochenstubenbüchlein« die Gedanken und Gefühle einer Mutter vor der Entbindung so ausgedrückt:

»Nun ist's soweit, daß ich hier wartend liege
im fremden Raum, nicht in der eignen lieben Stube.

’s ist alles neu, was ich erlebe.
Zum erstenmal bin von daheim ich losgelöst,
um doch das höchste Glück und Gut,
für das mein Heim seit Wochen sich gerüstet,
aus Gottes und hilfreicher Menschen Händen
aus meinem Schoß nun in Empfang zu nehmen.
Getröstetsein, Vertrauen, Ruhe
und Schmerz, Angst und Alleinsein trotz der Menschen
und starker Halt an diesen guten Menschen,
die mir so liebevoll und kundig helfen,
— das alles kommt und geht in meinem Herzen.
Herr Gott, ich bin bereit, in Dir ruht meine Seele!«

Bergan

Die Zeit des Wanderns auf verhältnismäßig ebenem Wege ist nun vorüber. Der Weg wird steiler. Es kommt nun viel darauf an, daß der Anstieg nicht keuchend und verkrampft begonnen wird. Das erlernte tiefe langsame Atmen sowie das Entspanntsein sollten beim anstrengenden Bergansteigen nun erst recht beibehalten und weitergeübt werden. Dagegen muß alles, was die Mutter zerstreut und ihr die Sammlung aller ihrer Kräfte erschwert, nun so weit wie möglich ausgeschaltet werden.

Seit langem hat das, was die Mutter einnimmt, eine Wirkung auf das Kind. Besonders möchte ich vor dem Rauchen warnen. Das Nikotin und andere Chemikalien sind Gift für das Kind. Je mehr eine Mutter raucht während der Schwangerschaft, um so mehr wird häufig das Gewicht ihres Kindes reduziert.

In dem bereits erwähnten Vortrag weist Prof. Niles Newton darauf hin, daß auch die Einnahme von Tabletten das Kind oft noch mehr beeinflußt als die Mutter. Säuglinge haben noch unentwickelte Ausscheidungsorgane. Sie können Tabletten nicht so leicht wie Erwachsene verdauen. Eine Untersuchung der Harvard-Universität hat gezeigt, daß Säuglinge, deren Mütter in den Wehen starke Barbiturate — Beruhigungs- und Schlaftabletten — eingenommen hatten, nicht fähig waren, so gut zu saugen wie Säuglinge, deren Mütter nur leichte Medikamente bekommen hatten.

Neuerdings hat man auch erkannt, daß nicht nur örtliche Betäubungen das Baby zwingen, die Folgen unterdrückter Wehen über sich ergehen zu lassen, wobei verstärkt eine instrumentale Entbindung notwendig wird, sondern auch, daß injizierte Narkosemittel vom mütterlichen Blutkreislauf aufgenommen und auf den Säugling übertragen werden.

Ich finde, Mütter haben ein Recht, diese Tatsachen zu wissen.

Was geht nun während des »Anstiegs« körperlich in der Mutter vor? Vielleicht fördert es das Verständnis, wenn man sich den unteren Teil der Gebärmutter (Uterus) wie einen Trichter vorstellt. Bevor das Baby geburtsreif ist, ist der Gebärmutterhals lang und eng und mit einem Schleimpropf verschlossen. Ist die Zeit der Geburt gekommen, so beginnt der obere Teil des Uterus, der aus sehr starken Muskeln besteht, zu kontrahieren, d. h., sich zusammenzuziehen. Es fühlt sich an, wie wenn man eine ganze Orange zusammendrückt, um den Saft unten auszupressen. Bei jeder Kontraktion drückt der Kopf des Kindes auf die enge Stelle des Gebärmutterhalses und erweitert diesen langsam. Man nennt deshalb diese Phase der Geburt die »Erweiterungsphase«. Sie dauert am längsten: Beim ersten Kind kann sie einen ganzen Tag dauern. Bei jedem weiteren Kind ist sie gewöhnlich kürzer.

Während dieser Erweiterungsphase ist es möglich, daß etwas zäher, leicht blutdurchzogener Schleim aus der Scheide kommt. Das ist der Schleimpfropf, dessen Aufgabe es war, den Eintritt von Keimen und Krankheitserregern in die Gebärmutter zu verhindern. Die Mutter weiß nun, daß die Wehen im Gange sind und daß der Gebärmutterhals sich zu dehnen beginnt.

Meist gegen Ende dieser Phase — manchmal allerdings auch früher — springt die Fruchtblase, die das Baby umgibt, und das Fruchtwasser geht ab.

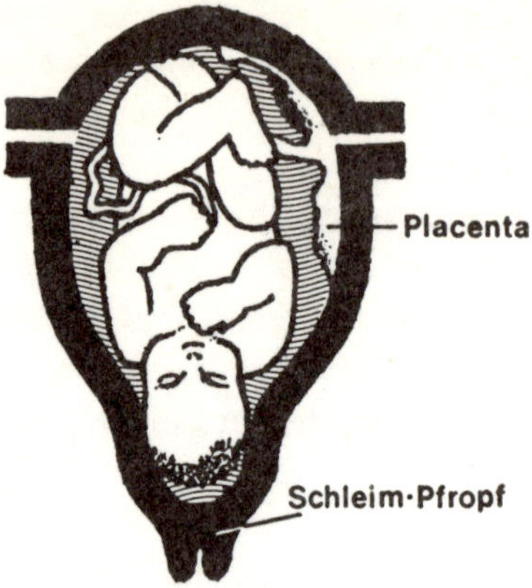

Der Uterus am Ende der Schwangerschaft, vor Beginn der Arbeit.

Abb. 11: Der Gebärmutterhals während der Erweiterungsphase

Nun ist es allerhöchste Zeit, an dem Ort zu sein, an dem die Entbindung stattfinden soll. Erhöhte Vorsicht ist geboten, denn nach dem Blasensprung können Keime ungehindert in die Gebärmutter eindringen.

Noch ein Wort zu den Kontraktionen. Solange die Kontraktionen, die dazu führen, daß der Gebärmutterhals sich öffnet, noch sehr schwach sind, nur wenige Sekunden dauern und ihr zeitlicher Abstand zwischen 10 bis 15 Minuten beträgt, kann die Mutter noch umhergehen und leichte Arbeiten verrichten. Sobald die Kontraktionen jedoch häufiger kommen, wird sie das Bedürfnis nach Ruhe haben und sich hinlegen wollen. Alles kommt jetzt darauf an, daß sie das erlernte Atmen richtig anwendet. Die Wehen lassen sich mit Ozeanwellen vergleichen. Wenn die Frau eine Welle kommen spürt und die Gebärmutter sich zusammenzieht und hart wird, soll sie einmal tief einatmen, den Atem eine Sekunde lang anhalten und dann langsam ausatmen. Man bezeichnet dieses Atmen als das »Reinigungsatmen«.

Ist die Welle dann da, holt die Mutter wieder tief Luft, hechelt dann aber nur, d. h. sie atmet schneller und oberflächlicher ein und aus, bis die Welle vorbei ist.

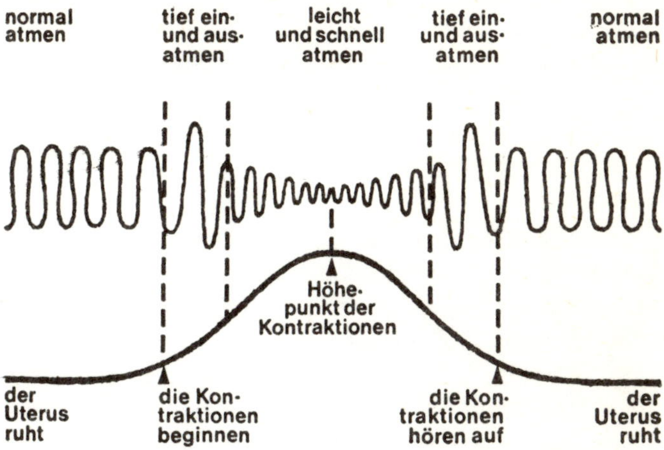

Abb. 12: Anpassung des Atmens an die Wehen in der Erweiterungsphase

Auf diese Weise kann der Stoß der Welle abgefangen und gemildert werden. Ist die Welle vorbei, holt die Mutter wieder tief Luft und atmet dann gründlich aus. Daraufhin kehrt sie zur normalen Atmung zurück und entspannt sich wie geübt. Dieser Vorgang wiederholt sich bei jeder Wehe. Auf diese Weise kann die Mutter lange Zeit »bergan steigen«, ohne ihre Kräfte zu erschöpfen.

Steilanstieg

Es ist nun eine ganz entscheidende Hilfe, wenn der Mann bei dem Anstieg neben seiner Frau hergehen und sie zum richtigen Atmen anleiten kann. Vor allem muß er darauf sehen, daß sie sich zwischen den einzelnen Wehen voll entspannt und Kraft spart. Denn sie wird ihre ganze Kraft für den letzten Abschnitt der Erweiterungsphase, die sogenannte Übergangsphase, brauchen.

Diese Phase ist zwar meistens nur sehr kurz, aber sie ist der schwierigste Teil der ganzen Geburt, das steilste Stück des Aufstiegs (vgl. Abbildung 10).

Gerade bei diesem Steilanstieg ist es nun besonders wichtig, daß der Mann seine Frau aufmuntert und ihr Mut macht. Sie ist jetzt leicht geneigt zu denken, daß sie mit ihrer Kraft am Ende sei, und sagt vielleicht dann auch: »Ich kann nicht mehr!« Dem muß der Mann dann liebevoll, aber energisch widersprechen und ihr sagen, daß dieses steilste Stück des Weges nur kurz ist. Dabei ist es hilfreich, wenn beide verstehen, was geschieht:

Es ist der Zeitpunkt, an dem der Kopf des Kindes die enge Stelle zwischen Rückgrat und dem vorn befindlichen Beckenknochen passiert und aus der Gebärmutter heraus in den Geburtskanal kommt.

Für die Mutter bedeutet dieser Abschnitt Schwerarbeit. Sie braucht dazu ihre ganze Konzentration und darf durch nichts abgelenkt werden. Oft zittert sie am ganzen Leib oder erbricht. Außerdem können die Wehen durcheinander geraten, d. h. unregelmäßig werden. Es hilft ihr, die Schmerzen zu lindern, wenn sie jetzt schneller atmet und dabei doch versucht, tief zu atmen.

Eins ist jedoch bei diesem Endabschnitt der Erweiterungsphase zu beachten — und auch das kann der informierte Mann ihr jetzt noch einmal sagen, falls sie es in der Erregung vergessen hat: Es ist noch nicht die Zeit zum Pressen. Das wäre eine reine Kraftverschwendung, weil der Kopf des Kindes ja noch nicht an der Austrittsöffnung angelangt ist. Hier schon zu pressen, wäre genauso töricht wie der Versuch, ein Auto bei geschlossenem Tor aus der Garage zu fahren.

Hochebene

Das steilste Stück der Bergbesteigung ist nun geschafft, und die Mutter tritt in die Phase der »Austreibung« oder Geburt ein. Man könnte sagen, daß sie noch einmal über eine Hochebene geht, bevor sie zum Gipfel gelangt.

Wieder ist es die Aufgabe des Mannes, ihr nun ausdrücklich zu sagen: »Der schwierigste Teil liegt hinter dir.« Das wird sie glücklich machen und ihr helfen, sich zu entspannen. Die Sorge fällt ab, daß sie es vielleicht nicht schaffen könne, und das gibt ihr neue Kraft, die nächsten entscheidenden Wehen zu bestehen.

Gipfelsturm

Diese Wehen, die sogenannten Preßwehen, kommen nun sehr oft, fast jede Minute. Ist die Fruchtblase bisher noch nicht gesprungen, so geschieht dies jetzt oder sie wird geöffnet. Der Kopf des Kindes erscheint.

Beim Beginn der Wehe atmet die Mutter tief ein, atmet voll aus, atmet wieder tief ein und hält den Atem an, während sie preßt. Sie weiß instinktiv, daß die Zeit zum Pressen gekommen ist, und gibt sich dieser Arbeit mit ganzer Wonne hin.

Oft geschieht es, daß die Frau in diesem Stadium geschnitten wird, wodurch der Muskel verletzt werden kann, der — wie im 2. Kapitel dargelegt — so entscheidend ist für ihr sexuelles Erleben: Zur Praxis des Einschneidens stellt Frau Prof. Niles Newton folgende Fragen:

»Warum schneiden wir routinemäßig die Geburtswege der Frau ein, wenn die zweite Geburtsphase eingetreten ist und das Kind kommt? Im allgemeinen könnten viele Tränen vermieden werden, wenn die Frauen in eine richtige Stellung gebracht würden, die Beine nicht zu weit gespreizt und wenn sie kontrolliert, den Anweisungen folgend, pressen könnten. In vielen anderen Ländern mit günstigen Gesundheitsstatistiken der Mutter und des Kindes werden Geburten in dieser Art durchgeführt, um — von ein paar

Frauen abgesehen — Tränen und Scheidendammschnitte zu vermeiden. Ein unverletzter Damm ist eine Frage des Stolzes der Geburtshilfe und, ich bin sicher, ein großer Trost für Mütter, die keine schmerzhaften Stiche haben wollen. Ich kenne keine einzige gut ausgearbeitete wissenschaftliche Statistik, die zeigt, daß der Dammschnitt der Frau bei der normalen Entbindung gesundheitliche Vorteile bringt. Ich frage mich, ob diese Sitte nicht ein Teil der unumstößlichen Philosophie ist, die besagt, ›schneller ist immer besser‹.«

Gipfelglück

Die Mutter spürt, wie das Kind hindurchgleitet, aber sie empfindet es nicht als schmerzhaft. Es ist jetzt wichtig, daß sie, während Kopf und Schultern zart herausgleiten, nicht zu stark preßt, damit sie nicht reißt. Es ist dies der kürzeste Abschnitt der Geburt, der oft nur wenige Minuten dauert, aber es ist der Abschnitt der höchsten Freude.

Diese Freude ist keineswegs nur ein seelisches, sondern kann sogar ein sexuelles Erleben sein. Vorausgesetzt, daß sie keine Betäubungsmittel bekommen, erleben manche Frauen in diesem Augenblick das, was die französischen Ehepaare mit »pleine jouissance« bezeichnen würden.

In ihrem Buch »Natural Childbirth and the Christian Family« (»Natürliche Geburt und die christliche Familie«) zitiert Helen Wessel eine Frau, die dieses Erlebnis wie folgt beschreibt:

»Es war ekstatisch, wunderbar, erregend! Ich hörte mich stöhnen — im Triumph, nicht im Schmerz! Ich empfand überhaupt keinen Schmerz, nur ganz unmittelbare sexuelle Erfüllung. Die Schwester schloß aus meinem Gesichtsausdruck, daß ich Schmerzen habe, und wollte mir eine Maske über das Gesicht stülpen. Wie schrecklich! Mitten in einer Preßwehe stieß ich hervor: ›Weg damit! Es tut nicht weh!‹ Ich fühlte mich, als könne ich die ganze Welt aus den Angeln heben. Alles war erhellt und voller Glanz. Überwältigt von Freude schrie ich: ›Mein Mann will nur zwei Kinder, ich aber möchte tausend ...‹ «[23]

Abstieg

Es gibt noch eine letzte Phase, die man als die Phase der Nachgeburt bezeichnet. Das Kind ist nun da, aber die Plazenta, der Mutterkuchen, ist noch im Mutterleib. Diese sogenannte »Nachgeburt« wird ebenfalls durch Kontraktionen der Gebärmutter ausgetrieben. Bis eine halbe Stunde nach der Geburt sollte dies geschehen sein.

Sobald sich das Kind außerhalb des mütterlichen Leibes befindet, beginnt es durch Keuchen oder Schreien zum ersten Mal Luft in seine Lungen aufzunehmen. Die Nabelschnur wird nun abgeklemmt und durchgeschnitten, was übrigens völlig schmerzlos ist. Das Kind ist jetzt ein eigenständiges Lebewesen geworden.

Nun kann man es an die Brust der Mutter anlegen. Das ist auf jeden Fall gut. Auch wenn noch keine Milch da ist, ist doch schon etwas Vormilch (Colostrum) vorhanden, die dem Baby gut tut. Außerdem wird durch das Saugen des Kindes an der Brust die Gebärmutter zu Kontraktionen veranlaßt; das hilft zur Austreibung der Plazenta, falls dies noch nicht von selbst geschehen ist, und verhindert ein zu starkes Bluten.

Das Baby erhält jetzt noch keine zusätzliche Nahrung, weil sein Körper noch genügend Vorrat hat. So kann es warten, bis bei der Mutter am zweiten oder dritten Tag die Milch einschießt.

Die Mutter aber braucht während der ersten 24 Stunden nach der Geburt völlige Ruhe und aufmerksame Pflege.

»Ich hab ein Kind, mein Kind, nein — unser Kind!
Ich bin voll lauter Dank!
Und voll unendlich großer Müdigkeit,
und meine Müdigkeit schlägt über mir zusammen,
und auch der Dank und alles andre Denken versinkt in mir — ich darf jetzt restlos müde sein«

schreibt Maria Veit in ihrem »*Wochenstubenbüchlein*«.

Frau Ruth Heil, Mutter von vier Kindern und von Beruf Krankenschwester, schreibt:

»Hans-Joachim war wieder bei der Geburt dabei. Das ist etwas so unendlich Schönes, diese Stunden gemeinsam zu erleben — und dann — der erste Schrei! Mit was soll ich solche Momente vergleichen? Es sind einfach die Höhepunkte unseres Lebens, wo wir Gottes Schöpfermacht ganz im Innersten begreifen, seine Allmacht unmittelbar fühlen und seine Liebe für Momente mit überwältigender Kraft fassen dürfen. Und das gemeinsam! Welch einen Auftrieb und Inhalt schafft dieses Erleben in unserer Ehe! Da ist eines Wirklichkeit geworden, wonach wir uns in den tiefsten Stunden, im Schlag unserer Herzen, im innersten Zustand des Verstehens schon oft gesehnt haben — nur noch ein Leib — ein Körper — eine Seele zu sein.

Ich kann mir gar nicht vorstellen, wie eine Frau ohne Mann stundenlang mit Wehen im Kreißsaal liegen kann, ohne Zuspruch, Ermunterung, Gespräch und ohne gemeinsames Freuen.

Hans-Joachim macht seine Sache jedesmal besser. Er sagte mir, wie schnell und oft die Wehen kommen, wie lange sie dauern und machte mich darauf aufmerksam, wenn ich zu schnell atmete. Ich bin richtig stolz auf ihn. Das ist wirklich Geburts h i l f e.

Ich konnte mich dieses Mal vollständig entspannen. Ingrid Mitchells Buch[24] ist phantastisch! Ich habe keinen anderen Ausdruck. Meine ganze Vorbereitung und Übungen konzentrierten sich ganz auf dieses Buch. Ganz bewußt konnte ich den Beckenboden entspannen und merkte richtig, wie sich das Köpfchen Platz schaffte. Ohne Narkose, Lachgas, schmerzstillende Mittel bekam ich dieses Kind. Die Ärzte glaubten einfach nicht, daß es schon so weit sei, und als mit der 1. oder 2. Preßwehe das Köpfchen da war, konnte es die Hebamme, die gerade nur mit dem Blutdruckapparat ins Zimmer gekommen war, nur noch entgegennehmen. Voller Schrecken fragte der herbeigestürmte Oberarzt, der nur zwei Zimmer weiter war, ob ich gerissen sei. Aber es war alles in Ordnung. Halleluja!

Inzwischen darf ich unser Purzelchen stillen und bin so richtig glücklich ... Wie wunderbar, daß ich eine Frau sein darf!«

Dorothea Vosgerau, eine Pfarrfrau aus Hessen, berichtet von der Geburt ihres fünften Kindes in Siegen:

»... Dann kamen aber recht kräftige Wehen, etwa 40 Minuten lang. Nachdem ich das für den Übergang typische Zittern hatte, sagte ich der Hebamme, daß ich nun wohl pressen könnte. Sie wollte es erst gar nicht glauben, untersuchte mich aber sofort und ließ augenblicklich den Arzt rufen. Ich habe dann während einer sehr sanften Preßwehe dreimal kräftig gepreßt. Beim erstenmal war der Kopf da, beim zweitenmal die Schulter und dann das ganze Menschlein.

Jens-Peter war immer dabei. Er war mir wirklich eine Hilfe, und vor allem war ich froh, wie fast kollegial der Arzt mit ihm sprach und ihm alles genau erklärte und zeigte. Es war für ihn sicher ein großes Erlebnis.

Da ich weder geschnitten noch gerissen war, durfte ich gleich nachher zu Fuß ins eigene Bett. Du glaubst gar nicht, wieviel besser ich jetzt beim fünften Kind gehen kann als bei allen vorhergehenden — nur wegen der regelmäßigen Beckenbodenmuskelübungen!«

Hildegard Wiedemann aus Regensburg berichtet von der Geburt ihres vierten Kindes:

»Morgens um 5.30 Uhr fing ich an, auf die Uhr zu schauen. Nahm in aller Ruhe noch ein Vollbad. Das entspannte herrlich und regte die Kontraktionen an. Die Kinder waren platt, als ich nach dem Frühstück sagte: ›Heute kommt das Baby.‹

Willi hatte mir am Tag vorher das Wort zugesprochen: ›Die auf den Herrn harren, kriegen neue Kraft‹ , und Du hast gesagt, daß kurz vor der Geburt eine extra Zulage an Kraft kommt. Ich war dann auch ganz ruhig. Wir waren um 10 Uhr in der Klinik und wurden sehr lieb von der Hebamme in Empfang genommen. Bis um 11 Uhr waren wir im Zimmer und konnten das Gelernte anwenden. Willi bekam dann einen weißen Kittel, und wir gingen ins Entbindungszimmer. Ich konnte alles genau verfolgen. Auch das Übergangsstadium von den Eröffnungswehen zu den Preßwehen konnte ich genau feststellen und mich richtig verhalten. Mit zwei Preßwehen war das Kerlchen dann geboren. Alle Beteiligten (Chefarzt, Assistenzarzt, Hebamme und Willi) waren begeistert über die Geburt. Wir hatten auch eine so gute, frohe Atmosphäre. Es hat sich in der Klinik schnell herumgesprochen, was für eine schöne Geburt das war. Die Schwestern kamen eine nach der anderen zum gratulieren und interessierten sich für das Buch von Mitchell, nach dem ich mich vorbereitet hatte. Solche Geburten wie die meine sind scheinbar doch noch selten ... Ich bin müde, aber so froh und voll Dank. Nun darf ich ruhen und mich freuen ...«

Ein Münchner Ingenieur, dessen Frau dort in der Universitätsklinik entbunden hat, schrieb uns:

»Wenn ich an die Geburt zurückdenke, bin ich sehr froh, daß ich dabei gewesen bin. Wir wissen jetzt auch, daß es finanziell möglich war. Mein Dabeisein hat zwischen meinen Kollegen und mir zu schönen Diskussionen geführt; zu überzeugen sind aber die ›Herren der Schöpfung‹ nur sehr schwer.«

Mit einer Ausnahme sind alle unsere Kinder in Afrika geboren. Mein Mann war selbstverständlich als ein Teil des Entbindungsteams dabei, zu dem auch die Frau unseres Missionsarztes gehörte, die übrigens auch keine Medizinerin war. Sie gab mir vor allem ihre eigenen Erfahrungen über eine natürliche Geburt weiter. Dafür schulde ich ihr viel Dank. — Die gemeinsam erlebten Geburten waren für meinen Mann und mich Höhepunkte unserer Ehe. Unseren Kindern können wir nicht oft genug davon erzählen und ihnen diese Freude beschreiben.

5. Kapitel

Die mütterliche Kunst des Stillens

Stillen — eine Lust

Nie war ich so mit Freuden eine Frau, nie konnte ich mich so als Frau annehmen, als wenn ich eins unserer Kinder stillte. Von den vielen Briefen, die mich von stillenden Müttern erreichten, will ich hier nur zwei auswählen:

Eine österreichische Mutter schreibt:

»Das Stillen ist meiner Meinung nach eines der kostbarsten Geschenke, die Gott für die Frau erdacht hat. Das Schönste am Stillen ist für mich das Gebendürfen, das Gebrauchtwerden.

Dietrich Bonhoeffer sagt einmal: ›Es gibt kaum ein beglückenderes Gefühl, als zu spüren, daß man für andere Menschen etwas sein kann.‹ Genau das habe ich beim Stillen unserer Kinder empfunden. Noch dazu gibt eine Mutter beim Stillen ihrem Kind etwas mit an Liebe, an Geborgenheit, was kein anderer Mensch dem Kind geben kann als nur sie selbst. Sie ›stillt‹ im wahrsten Sinne des Wortes die äußeren u n d inneren Bedürfnisse des Kindes. Ich habe in dieser innigen Gemeinschaft zwischen mir und meinem Kind eine wunderbare Zeit durchlebt.«

Reinhilde Ringenberg aus Bayern, der der Arzt beim ersten Kind einredete, sie sei unfähig zu stillen, schreibt nach der Geburt ihres zweiten Kindes:

»Es freut mich einfach sehr, daß ich so lange stillen kann. Es ist wahr, daß es immer schöner wird. Wenn Elke daliegt und, ohne einen Augenblick wegzuschauen, wartet, ob ich bald so weit bin, und dann, wenn ich mich hinlege, das Schnäbelchen weit aufsperrt und mir mit dem Kopf entgegenrutscht, dann bin ich Dir über alle Maßen dankbar, daß Du mich ermuntert und getröstet hast.«

Ermuntern und trösten möchte ich in diesem Kapitel alle Mütter, die meinen, nicht stillen zu können, und ihnen helfen, eines Tages die gleiche Erfahrung zu machen wie die Verfasserin dieses Briefes. Gleichzeitig möchte ich sie aber auch herausfordern, in noch stärkerem Maße ihr Muttersein zu leben und zur Reife zu bringen. Denn Stillen ist eine Kunst der reifen Frau.

Das unterstreicht auch Dr. Gunter Clauser in seinem Buch »*Die Moderne Elternschule*«[26]:

»Stillen ist die Fortsetzung der geburtlichen Ernährung durch die Mutter und ebenso wie die Schwangerschaft ein natürlicher Vorgang ... Die seelische Grundhaltung beim Stillen ist ebenso wichtig wie die Milch, weil sie die Grundstimmung des Kindes mitprägt, in der es der Welt begegnet ... Wer an der Mutterbrust keine Sättigung fand, blickt der Welt ohne Vertrauen entgegen ... Es ist bedauerlich, aber es ist wahr: Der natürlichsten Säuglingsernährung, die es gibt, sind nur die wenigsten Mütter gewachsen. Nur reife Frauen beherrschen sie« (S. 120 ff.).

Nichtstillen — Verarmung der Mutter

Damit ist angedeutet, daß die Mutter etwas verliert, wenn sie nicht stillt. Wenn ein Wort Jesu sich auf das Geheimnis des Stillens beziehen läßt, so ist es das Wort: »Gebet, so wird euch gegeben. Ein voll, gedrückt, gerüttelt und überflüssig Maß wird man in euren Schoß geben; denn eben mit dem Maß, mit dem ihr messet, wird man euch wieder messen« (Luk. 6,38).

Je mehr sie gibt, um so mehr wird sie bekommen. Je mehr sie herschenkt und ausstrahlt an Mütterlichkeit und Geborgenheit, um so mehr wird das Kind zurückstrahlen an Dankbarkeit und Freude. Je mehr sie ihrem Kind das Gefühl des Angenommenseins vermittelt, um so mehr wird sie sich selbst annehmen können.

Stillt sie nicht, geht ihr dieser Reichtum verloren. Das gilt bis in den körperlichen Bereich hinein. Denn wenn sie keine Milch geben will, wird sie auch keine haben. Die Stillfähigkeit steigt mit der Stillwilligkeit. Auch hier gilt: »Wer da hat (in diesem Zusammenhang den Willen zum

Stillen), dem wird gegeben. Wer aber nicht hat, dem wird auch noch genommen, was er hat« (Matth. 13,12).

Diese Verarmung wirkt sich dann auf ihr Gesamtbefinden aus. Stillt sie hingegen, erholt sie sich schnell von den Anstrengungen der Geburt. Hormone werden freigesetzt und machen sie ruhig und entspannt. Durch das Saugen an der Brust zieht sich die Gebärmutter zusammen und nimmt ihre normale Form wieder an. Für einige Monate tritt keine Menstruation ein. Das Blutbild ist besser. Sie fühlt sich wohl und ruht in sich als Frau.

Leider wissen viele Mütter nicht, daß die Unfähigkeit zu stillen durch die künstliche Beschränkung des Saugens verursacht wird. Statt dessen machen sie sich selbst Vorwürfe, halten sich für unfähig und beginnen sich als Mütter zu verachten.

Alles in allem: Nichtstillen macht die Mutter arm.

Nichtstillen — Beraubung des Kindes

Die nichtstillende Mutter macht nicht nur sich selbst ärmer. Sie beraubt auch ihr Kind. Dr. Dick Read sagt: »Das neugeborene Kind stellt nur drei Forderungen: Nestwärme in den Armen der Mutter, Nahrung von ihrer Brust und Geborgenheit durch ihre Gegenwart. Wenn eine Frau stillt, sind alle drei Forderungen auf einmal erfüllt.« Ich möchte hinzufügen: Stillt sie nicht, beraubt sie ihr Kind dieser drei lebenswichtigen Dinge.

Das gilt zunächst wieder für den körperlichen Bereich. Nach der Geburt kommt zuerst die Vormilch (Colostrum). Es handelt sich dabei um eine gelbliche Flüssigkeit, die — leicht verdaulich — speziell auf das Neugeborene abgestimmt ist. Sie hilft Krankheiten vorzubeugen und hat eine darmanregende Wirkung, so daß das Mekonium (oder Kindspech) besser ausgeschieden wird. Außer dieser Vormilch darf das neugeborene Baby keine andere feste oder flüssige Nahrung erhalten, allenfalls bei warmem Wetter einige Teelöffel Kamillentee.

Die nachschießende Muttermilch enthält alles, was das

Kind braucht und wirkt obendrein wie ein Medikament gegen Krankheiten. Sie ist keimfrei und hat stets die richtige Temperatur. Sie enthält außerdem Stoffe, die für die Entwicklung des kindlichen Gehirns unabdingbar notwendig sind. Durch ihre Zusammensetzung paßt sie sich in jeder Phase dem jeweiligen Wachstum und Bedürfnis des Kindes an.

Auch um die Verdauung des Babys braucht sich die stillende Mutter keine Gedanken zu machen. Sie regelt sich von selbst. Brustkinder, die ausschließlich gestillt werden, leiden nie an Verstopfung, selbst wenn sie, was vorkommen kann, drei oder vier Tage lang überhaupt keinen Stuhl haben. Andererseits ist eine weiche Stuhlentleerung für ein Brustkind normal und die Mutter braucht dann nicht gleich zu denken, es habe »Durchfall«. Sie kann sich darauf verlassen: Solange sie stillt, ist alles in Ordnung.

Ein Arzt sagte einmal: »Kuhmilch ist für Kälber da. Menschenkinder brauchen Muttermilch.« Die Kindersterblichkeit liegt bei Flaschenkindern höher als bei Brustkindern. In den Tropen hat ein gestilltes Kind sechsmal mehr Chancen zum Überleben.

Jedoch nicht nur seiner körperlichen, sondern auch seiner seelischen Gesundheit kann ein Kind beraubt werden, wenn ihm das Stillerlebnis vorenthalten wird. Die Befriedigung des Saugreflexes ist für die seelische Gesundheit wichtig und beim Stillen weitaus mehr gegeben als beim Flaschetrinken. Es fällt auf, daß es in Afrika, wo die Kinder oft bis zu zwei Jahren gestillt werden, viel weniger Neurosen gibt.

Dr. Lamba, ein nigerianischer Psychologe, sagt: »Das von einer unbeschwerten Mutter gestillte Kind erfährt angstfrei einen ungebrochenen Zustand der Zufriedenheit ... Diese orale (durch den Mund vermittelte) Zufriedenstellung hat erstaunliche Selbstsicherheit und Optimismus zur Folge, der das ganze Leben lang anhalten kann.«

Hier besteht zweifellos ein Zusammenhang zu den oralen Süchten unserer Zeit, wie der Trunksucht und der Rauchsucht. Kettenrauchende Männer sind eben gerade nicht männlich — und auch Frauen sind es nicht, wenn sie es dadurch werden möchten —, sondern sie nuppeln wie Babys an der Zigarette in einem unersättlichen Nachholbedarf.

Die Art und Weise, wie ein Baby die Befriedigung seiner ersten Bedürfnisse erfährt oder nicht erfährt, kann entscheidend sein für seine spätere Haltung zu Menschen und Situationen, und zwar das ganze Leben hindurch.

In ihrem Buch »Lieben — was ist das?«[27] weist die Psychagogin Christa Meves eindringlich auf diese Zusammenhänge hin:

»Das Sich-Ersaugen der Nahrung direkt aus dem mütterlichen Körper kann eine erste grundlegende Voraussetzung bilden sowohl zu späterer Arbeits- als auch vor allem zu späterer Liebesfähigkeit. Wer hat sich je darüber ernsthaft Gedanken gemacht, ob es für die Gefühlserfahrung des kleinen Menschenkindes nicht durchaus fragwürdig sein kann, statt warmer Leiblichkeit eine Attrappe aus schnödem Gummi angeboten zu bekommen!«

Nichtstillen — Gefährdung der Gesellschaft

Pädagogen haben die Erfahrung gemacht, daß bruststillte Kinder anpassungsfähiger und selbständiger sind. In Japan werden die Mütter bei der Anmeldung schulpflichtiger Kinder gefragt, ob ihr Kind gestillt wurde, denn es ist anders zu behandeln und verhält sich anders als ein Flaschenkind. Daraus erhellt, daß der Entzug des Stillerlebnisses nicht nur Auswirkungen hat auf das Kind selbst und seine Eltern, sondern auch auf die Gesellschaft.

Christa Meves führt die psychische Erkrankung, die man »neurotische Verwahrlosung« nennt, auch auf das Fehlen des Stillerlebnisses zurück und spricht von einer geradezu seuchenähnlichen Gefahr für die westliche Welt. Wegen seiner Wichtigkeit sei dieses Zitat aus ihrem Buch »*Manipulierte Maßlosigkeit*« (S. 26/27)[28] hier voll wiedergegeben:

»Die Tiefenpsychologie weiß seit zwanzig Jahren, daß

diese seelische Erkrankung ihre Ursache hat in der mangelnden Bindung des jungen Kindes an seine Mutter. Dieser Prozeß ist merkwürdigerweise ein Lernvorgang, der sich im ersten Lebensjahr des Kindes ausbildet, und zwar über den intensiven Kontakt zwischen Mutter und Kind. Besonders leicht neigen Kinder zu Verwahrlosungserscheinungen, die als Babys von Hand zu Hand gereicht wurden, lange von ihren Müttern getrennt waren und im ersten Lebensjahr nicht in den Genuß einer ausschließlichen Zweisamkeit mit der künftigen Erzieherin kommen durften. Jede langfristige Entfernung von der Mutter kann bewirken, daß die Möglichkeit, feste Bindungen einzugehen, lebenslänglich herabgesetzt wird. Denn dem, der es nicht lernte, sich zu binden, fehlt später Nachahmungsbereitschaft und Gefolgstreue, Eigenschaften, die die Voraussetzung bilden für die Bereitschaft, von den ›Großen‹, den Erfahrenen, etwas zu lernen. Außerdem kann auch ein unangemessenes Füttern, vor allem Überfüttern ohne Sauganstrengung, die spätere Bereitschaft zu Arbeitsanstrengung zusätzlich herabsetzen, weil solche Kinder weiter unbewußt den Anspruch haben, die gebratenen Tauben sollten ihnen von allein in den Mund fliegen. Da die Tauben das später nicht tun, reagieren solche Menschen in Situationen, in denen eine erhöhte Arbeitsanstrengung von ihnen erwartet wird, mit empörtem Protest.

Wenn man diese Zusammenhänge erfaßt, wird klar: Mit der zunehmenden Berufstätigkeit vieler Säuglingsmütter, mit der ›Technisierung‹ der Kindheit, die statt Liebe und Opferbereitschaft vorgekaute Materie anbietet, mit tischfertiger Nahrung, dem Spielzeug, dem Fernsehen, dem stundenlangen Transportiertwerden im Fond eines Autos, so daß eine maßlose Verwöhnung provoziert wird, muß die psychische Erkrankung ›neurotische Verwahrlosung‹ geradezu eine seuchenähnliche Gefahr in der westlichen Welt werden.«

Wenn das wahr ist, dann ist es höchste Zeit, sich zu fragen, ob das, was auf den Entbindungsstationen der Krankenhäuser normalerweise geschieht, diese Seuche verbreiten hilft oder eindämmt.

Stillfeindliche Krankenhäuser

Im vorigen Kapitel erhob ich den Vorwurf der Ehefeindlichkeit gegen den Krankenhausbetrieb. Hier möchte ich den Vorwurf der Stillfeindlichkeit hinzufügen. In dieser Hinsicht ist besonders Deutschland ein unterentwickeltes Land und braucht dringend Entwicklungshilfe.

Hier der Erfahrungsbericht einer deutschen Mutter:

»Unser erstes Kind konnte ich nicht stillen, da ich, wie mir in der Klinik gesagt wurde, nicht genügend Milch hätte. Kurz vor der Entbindung unseres zweiten Kindes hörte ich in Stuttgart Ihren Vortrag über das Stillen und ging mit großen Hoffnungen in die Klinik. Ich bekam das Kind erst einen Tag nach der Geburt zum ersten Mal und dann im 4-Stunden-Rhythmus. Da aber das Wiegen vor und nach der Mahlzeit ergab, daß das Kind nicht genügend getrunken hatte, bekam ich es nur noch dreimal täglich. Nach 8 Tagen Klinikaufenthalt wurde mir wieder gesagt, ich hätte nicht genügend Milch. Ich war sehr unglücklich, zumal ich durch Ihren Vortrag wirklich gehofft hatte, daß es klappt. Mein Mann, der Ihren Vortrag auch gehört hatte, machte mir auch Vorhaltungen. Ich probierte es zu Hause noch eine Woche und gab es dann auf.

In den USA erwartete ich dann unser drittes Kind. Eine Bekannte brachte mich in die La Leche League*, die Sie ja sicher kennen. Dort wurden mir einige Dinge gesagt, die ich vorher nicht beachtet hatte:

1. Das Kind in den ersten Stunden nach der Geburt anlegen.
2. Keine künstliche Milch nachfüttern.
3. Am Anfang im 2—3-Stunden-Rhythmus stillen.

Ich kam in eine moderne Klinik, wo das Kind bei mir im Zimmer lag und ich mich an die oben genannten Dinge

---

* *La Leche League* ist eine amerikanische Frauenbewegung.

halten konnte. Das Kind wurde nicht ein einziges Mal gewogen (beim Stillen). Ich spürte, wie nach 2—3 Tagen die Milch kam. Dem Kind bot ich zwischendurch immer Wasser an. An den nassen Windeln konnte ich feststellen, daß es genug Flüssigkeit zu sich nahm. Unsere Kleine gedieh prächtig, und ich war eine glückliche, voll stillende Mutter.

Als wir nach Deutschland zurückkehrten und ich mit elf Monaten die Kleine immer noch stillte, kam es unseren Freunden und Verwandten wie ein Wunder vor. — Trotz dieser herrlichen Erfahrung konnte ich vor kurzem eine Bekannte nicht davon überzeugen, daß auch sie stillen könne. Sie glaubte der landläufigen Meinung mehr, ob man stillen könne oder nicht, sei erblich und naturbedingt. In den deutschen Kliniken ist es ja nicht möglich, sich an die Regeln der La Leche League zu halten, aber ich habe es bei anderen Frauen in Amerika erlebt, daß sie — auch nach anfänglichen Mißerfolgen — zu Hause das Stillen noch in Gang brachten.«

In deutschen Krankenhäusern gilt allgemein folgende Stillregel: Alle vier Stunden und nachts noch seltener nur eine Seite anlegen, so daß jede Brust nur alle acht Stunden an die Reihe kommt. Diese Stillregel ist falsch. Außerdem wird durch das ständige Wiegen die Mutter nur nervös gemacht. Aus lauter Angst, nicht genug Milch zu haben, geht dann der Milchvorrat tatsächlich zurück. Darum muß eine Frau, die in einem normalen deutschen Krankenhaus entbindet, damit rechnen, daß das Stillen nicht funktioniert.

In den englischen Krankenhäusern gilt folgende Regel: Im 4-Stunden-Rhythmus:

am ersten Tag jede Seite 3 Minuten lang,
am zweiten Tage jede Seite 5 Minuten lang,
am dritten Tag jede Seite 7 Minuten lang,
ab viertem Tag jede Seite 10 Minuten lang.

Dazu ist allerdings auch zu sagen, daß in den ersten Tagen der 4-Stunden-Rhythmus noch zu lang ist. Am besten wäre es, das Kind alle 3 Stunden anzulegen.

Auf jeden Fall kann die Gewohnheit, das Baby nach der Uhr zu füttern, das Kind vom Schreien so erschöpfen, daß es nicht mehr saugen kann. Dann setzt sich die oben erwähnte Kettenreaktion von Selbstvorwürfen bis hin zur Selbstverachtung der Frau als Mutter in Gang. Deshalb sind stillfeindliche Krankenhäuser auch frauenfeindlich und — wenn man so will — emanzipationsfeindlich.

Vorurteile

Stillunfähigkeit ist aber nicht nur die Folge falscher Stillregeln, sondern auch von Vorurteilen. Echte Stillhindernisse sind lediglich: Offene Tuberkulose, Keuchhusten, Hasenscharte. Andere Gründe, die gegen das Stillen vorgebracht werden, sind nicht stichhaltig.

Es ist nicht wahr:

— daß die Milchmenge von der Größe der Brust abhängt.
— daß das Stillen die Figur verdirbt. (Dafür ist ein guter BH und das Vermeiden von Gewichtszunahme wichtig.)
— daß Stillunfähigkeit erblich ist. (Sie wird nicht vererbt, nur eingeredet!)
— daß Rhesusfaktoren bei Mutter und Kind von irgendwelcher Bedeutung seien.
— daß man nach einem Kaiserschnitt nicht stillen könne.
— daß Zwillinge nicht voll gestillt werden können.
— daß die Menstruation ein Stillhindernis ist.
— daß Nervosität die Milchbildung verhindert. (Sie verhindert höchstens das Ausrinnen der Milch, den »let-down-Reflex«).
— daß die Mutter bei Erkrankung an Schnupfen oder Grippe nicht weiterstillen kann. (Sie hatte diese Keime schon vorher in sich. Muß sie ins Krankenhaus, soll sie in dieser Zeit abpumpen.)
— daß es irgendwelche Allergien gegen Muttermilch gibt. (Erkrankt das Baby, braucht es die Muttermilch um so nötiger. Sie ist oft die einzige Nahrung, die es behält und annimmt.)

— daß die Hausarbeit dringender ist als das Baby. (»Perfekte« Hausfrauen sind es oft nur deshalb, weil sie nichts Wichtigeres zu tun haben.)
— daß man durch Stillen ein Baby verwöhnen kann. (Im Gegenteil: Wenn man ihm die Saugarbeit erspart oder erleichtert, verwöhnt man es.)

Wenn man ein Baby wirklich ein Baby sein läßt, so lange es noch ein Baby ist, braucht man es für den Rest seines Lebens nicht mehr als Baby zu behandeln, wie manche ungestillte Ehemänner, die von ihren Frauen offensichtlich gerne wie Babys behandelt werden möchten und so schnell eifersüchtig werden. Denn der Vorwurf, das Baby werde durch Stillen nur verwöhnt, kommt oft aus Eifersucht oder beruht auf unbegründeten Vorurteilen der »Leute vom Fach«.

Hierzu noch einmal Christa Meves:

»Denn da ist der bereits vor Eifersucht kochende und Zuchtmaßnahmen erfindende Ehemann im Hintergrund — da ist Schwester Gertrud von der Mütterberatung, die Hebamme, der Arzt, die Gemeindeschwester. Sie alle pflegen heute noch im allgemeinen zu sagen: Auf diese Weise verwöhne man das Kind hoffnungslos, man müsse es nach Vorschrift I, II, III so und so behandeln — von der Mutter fernhalten, sich eine gesunde Lunge anschreien lassen usw. Die junge Mutter lernt das seufzend — aber in ihr bleibt ein quälender Zwiespalt zwischen ihrem Drang zur Fürsorge, zu der Neigung zu totaler Verbindung mit dem hilflosen Neugeborenen und ihrer Folgsamkeit gegen die Leute vom Fach.«[27]

Hilfen für Stillwillige

Wie der Körper auf die Schwangerschaft, so muß die Brust auf das Stillen vorbereitet werden. Hierzu ist es wichtig, die Brusthaut und die Brustwarzen durch kaltes Abwaschen und Massieren mit einem Frotteetuch abzuhärten. Seife, Alkohol oder antiseptische Mittel sind dazu nicht nötig. Sie bewirken nur ein übermäßiges Austrocknen.

Dem größeren Hunger- und Durstgefühl sollte die Mutter nachgehen. Jetzt ist es angebracht, wirklich für zwei zu essen und dabei darauf zu achten, wirklich aufbauende Nahrung zu sich zu nehmen. Die Mutter tut auch gut daran, vor jedem Stillen selbst etwas zu trinken.

Hat die Mutter das Gefühl, daß sie nicht genug Milch hat, so ist zweierlei zu tun.

1. Das Kind sollte häufiger angelegt werden. In den ersten Wochen kann das Kind ruhig sechs- bis zehnmal täglich gestillt werden. Durch den Saugreflex des Kindes wird der mütterliche Körper veranlaßt, eine angemessene Menge Milch zu produzieren. Gibt man dem Baby hingegen zusätzlich die Flasche, die es mit weniger Anstrengung trinken kann, wird es an der Brust der Mutter auch immer weniger saugen und die Muttermilch wird tatsächlich weniger werden.

2. Die Mutter sollte versuchen, beim Stillen mit ihrem Kind allein zu sein. Hier liegt eine der Aufgaben, die der Vater während der Zeit des Stillens zu übernehmen hat. Wenn er zu Hause ist, muß er dieses Alleinsein ermöglichen dadurch, daß er sich um die anderen Kinder kümmert und die Mutter auch vor zu vielen wohlmeinenden Besuchern abschirmt. Denn wenn sie ruhig und entspannt ist, kann die Milch durch einen Reflex von selbst fließen.

Allgemein ist es wichtig, das Kind beim Stillen so zu halten, daß es frei durch die Nase atmen kann. Man darf dem Kind niemals die Brustwarze aus dem Mund ziehen. Denn auf diese Weise fügt man sich selbst kleine Wunden und eventuell Schmerzen zu. Schiebt man hingegen den kleinen Finger neben der Brustwarze in den Mund des Babys, wird es von selbst die Brust loslassen.

Sollte eine Brustentzündung entstanden sein, braucht deshalb das Stillen nicht eingeschränkt zu werden. Der Schmerz macht sich nur in den ersten paar Zügen an der Brust bemerkbar und geht nach einigen Sekunden vorbei. Es ist ratsam, das Kind immer erst an der von der Entzündung betroffenen Brust trinken zu lassen, damit diese nicht zu voll wird und noch mehr schmerzt. Das Warmhalten der Brust sowie eine gute Brustwarzensalbe oder Puder können dazu beitragen, daß die Entzündung meist in zwei bis drei Tagen verheilt.

Selbstverständlich ist Wert auf größte Reinlichkeit der Hände sowie der Brust zu legen. Besonders in den ersten Wochen nach der Geburt sollte die Brust so sauber wie eine offene Wunde behandelt werden.

Aus eigener Erfahrung weiß ich, daß die beste Hilfe für das Stillen der Beistand und Zuspruch einer anderen möglichst gleichaltrigen Frau ist, die schon erfolgreich gestillt hat. Wichtig ist immer die Bereitschaft, noch dazuzulernen. Es gibt auch Frauen, die die Kunst des Stillens erst allmählich von Kind zu Kind lernen und erst beim dritten oder vierten Kind in der Lage sind, voll zu stillen.

Als Zeugnis dafür möchte ich einen Brief von Dorothea Vosgerau aus Leun vom 18. 1. 74 zitieren:

»Nach deutscher Klinik-Regel wurde mir unsere Ulrike erst etwa 18 Stunden nach der Geburt gebracht. Ich sollte sie immer nur an einer Seite anlegen. Nachher wurde sie mit der Flasche gefüttert, die mir meist gleich mitgebracht wurde. Erst am 4. Tag schoß die Milch richtig ein. Aber laut Waage immer zu wenig — also wurde dazugefüttert. Ab 6. Tag habe ich dann einfach bei jeder Fütterung beide Seiten gegeben — es war aber trotzdem nicht genug, so daß ich bei der Entlassung aus der Klinik gleich Milchproben zum Flaschefüttern mitbekam. Obwohl ich zu Hause alle drei Stunden stillte, war das — nach Waage und Tabelle — nicht genug, so daß ich bis zur 4. Woche anschließend immer noch die Flasche anbot. Da Ulrike sie aber sichtlich ungerne nahm und die Waage zeigte, daß sie in einer Woche über 300 g zugenommen hatte, wagte ich es in der 5. Woche, sie nur zu stillen und erst nach einer Woche zu wiegen. Sie hat zugenommen und ist s e h r zufrieden und gesund. Das Stillen geht viel einfacher und schneller als dieses Flaschefüttern ›nach Maß‹. Bei Anne, unserer zweiten, habe ich mich und das Kind nervös gemacht mit dem ›Wissenschaftsglauben‹, sie müsse die vorgeschriebene Menge trinken. Bei Ulrike bin ich endlich so weit zu glauben, daß der gesunde, zunehmende Säugling selber weiß, wieviel er an Nahrung braucht. Und ich bin ganz stolz und glücklich, daß die Menge Milch, die ich habe, offensichtlich ausreicht.

Neben Deiner lieben Ermahnung und Ermutigung hat mich am meisten Ulrikes offensichtliche Abneigung gegen den Sauger der Flasche zum Nur-Stillen gebracht. Euch beiden ganz herzlichen Dank! Man kann das Stillen also sogar noch in der 5. Woche und beim 5. Kind lernen!! (Ein Trost für besonders hartnäckige Hilfsschüler.)«

Ein nicht brustgestilltes Kind ist deshalb natürlich nicht zum Scheitern verurteilt, aber es wird es im Leben unter Umständen schwerer haben. Diese Kinder brauchen um so mehr die ununterbrochene Nähe und den häufigen Hautkontakt mit der Mutter. Sie sollten auch, wenn sie die Flasche bekommen, an der Brust gehalten werden.

Abstillen — auch eine Kunst

Der Zeitpunkt des Abstillens richtet sich nach dem Baby und nicht nach den Ansichten der Verwandten. Abgestillt wird also dann, wenn das Baby es will. Meist ist das nach neun Monaten der Fall.

Dr. Ashley Montagu meint, daß das Baby eigentlich neun Monate zu früh zur Welt komme, weil sein Gehirn so schnell wachse, daß zu einem späteren Zeitpunkt der Kopf den Geburtskanal nicht mehr passieren könne. Das Baby sei jedoch erst nach weiteren neun Monaten — also etwa 18 Monate nach der Empfängnis — voll reif. Diese Zeitspanne entspricht der Zeit des Stillens. Nach neun Monaten werden die Kinder selbständiger, lernen aus der Tasse trinken und verlieren das Interesse an der Brust.

Bis zu einem Jahr hat das Stillen für den älteren Säugling vor allem psychologische Bedeutung. Er braucht die Nähe und Geborgenheit der Mutter länger, als er unbedingt Nahrung von ihr braucht. Deshalb sollte man ein Kind so lange stillen, wie es will, selbst wenn dies ein Jahr überschreiten sollte.

Es ist wichtig, daß das Entwöhnen allmählich geschieht und nicht von heute auf morgen, da dies das Gefühlsleben des Kindes stören kann. Ohne Eile und Druck sollte jede Woche eine Mahlzeit ausgelassen werden. Eine kluge Mutter beginnt schon mit sechs Monaten oder früher, dem Kind einige Löffel Brei zu verabreichen. Auch Fruchtsäfte, zerdrückte Bananen, geriebene Äpfel, weiche Birnen und Quark sind gut. Mit einem Jahr hat das Baby Zähne und kann schon viel von der Nahrung Erwachsener essen.

Bekommt es genug andere Nahrung, soll man es nur dann stillen, wenn es danach verlangt. Das wird meist der Fall sein vor dem Schlafengehen, wenn es krank ist oder aus einem anderen Grunde Beruhigung braucht. In der heißen Jahreszeit oder während des Zahnens sollte man das Abstillen vermeiden.

Das Abstillen ist ein tiefer Eingriff. Es ist fast so etwas wie eine zweite Geburt — eine erneute Trennung von der Mutter. Das Kind braucht deshalb in dieser Zeit die doppelte Zuwendung der Mutter — und auch des Vaters.

Der stillende Vater

An dieser Stelle möchte ich noch ein Wort über den Vater während der Zeit des Stillens sagen. Sicher ist es in dieser Zeit für ihn nicht leicht, Mann seiner Frau und gleichzeitig Vater seines Kindes zu sein. Er mag sich fast wie ein Außenseiter vorkommen. Und doch brauchen Mutter und Kind ihn jetzt besonders nötig.

Auch er kann »stillen«! Natürlich nicht körperlich, aber um so mehr seelisch. Auch für das ganz kleine Baby ist es schon wichtig, daß der Vater da ist, daß es ihn sieht, hört, fühlt. So lange es noch ganz klein ist, stillt er es am besten dadurch, daß er seine Mutter »stillt«.

Wenn er aber eifersüchtig ist oder, aus was für einem Grunde auch immer, in den Chor derer einstimmt, die der Mutter einreden, sie habe nicht genug Milch und »könne es eben nicht«, dann wird die Milch auch weggehen und sie wird es wirklich nicht können.

Glaubt er jedoch an seine Frau, daß sie die Kunst des Stillens meistern wird, und ermuntert sie dazu, schützt sie vor Unruhe, Aufregung und Besuch, kümmert sich um die anderen Kinder und leitet sie an, der Mutter Arbeit abzunehmen, findet seine Frau schön, wenn sie stillt, und sagt ihr das auch, dann wird die Milch kommen und der Vater stillt effektiv über die Mutter sein Kind.

Freilich machen junge Mütter auch oft Fehler und entmutigen auf diese Weise »stillwillige« Väter: Wenn sich plötzlich für sie die ganze Welt nur noch um das Baby dreht und es ihr wichtiger wird als ihr Mann, dann ist es kein Wunder, wenn der Mann sich vernachlässigt fühlt, eifersüchtig wird und sich vielleicht Trost bei einer anderen Frau sucht, »denn«, so sagt er dann, »bei meiner Frau ist das Kind besser dran als der Mann«.

Trotz aller Liebe zum Kind darf es nie an die erste Stelle rücken. Ernestine Banyolak aus Kamerun sagt: »Kinder sind wie Gäste in der Familie. Sie kommen, bleiben eine Weile, gehen dann wieder. Mann und Frau aber bleiben zusammen.« Dieses Erlebnis, daß Vater und Mutter zusammengehören, ist auch für das ganz kleine Kind schon von entscheidender Wichtigkeit. Im zweiten Monat des Lebens beginnt seine Erziehung zur Ehe. Dazu muß der Vater von vornherein mit im Bild sein. Das wird von denen vergessen, die heute das »Recht« auch der unverheirateten Frau auf ein Kind proklamieren. Das Recht des Kindes auf den Vater geht vor.

Will die Frau, daß der Mann sie wie eine Königin behandelt und »stillt«, dann muß sie auch den Vater ihres Kindes wie einen König behandeln und ihn »stillen«.

Das wirft die Frage der ehelichen Gemeinschaft während der Stillzeit auf.

Nach ärztlichem Rat soll vier bis sechs Wochen nach der Geburt gewartet werden, bevor man die sexuellen Beziehungen wieder aufnimmt. Die Gebärmutter braucht so lange, um wieder ihre ursprüngliche Form anzunehmen. Außerdem tritt nach der Entbindung ein roter Ausfluß auf, der als »Wochenfluß« bezeichnet wird. Er dauert etwa drei bis sechs Wochen. Stillt die Mutter, so ist der Wochenfluß am Anfang meist stärker. Das ist ein Zeichen dafür, daß sich die Gebärmutter zusammenzieht und zurückbildet. Der Wochenfluß wird immer heller, bis er schließlich ganz aufhört. Wird er aber wieder stärker und rötlicher, so ist er ein warnendes Zeichen, daß die Mutter zuviel arbeitet. Sie braucht dann einfach mehr Ruhe und soll das Kind öfter anlegen, damit die Gebärmutter sich zusammenzieht und der Wochenfluß aufhört.

Ab etwa vier bis sechs Wochen nach einer normalen Entbindung darf sich eine stillende Mutter ohne Bedenken mit ihrem Mann vereinigen. Menge und Qualität der Milch wird dadurch nicht beeinträchtigt und erst recht wird die Milch dadurch natürlich nicht vergiftet — eine Meinung, die heute noch unter vielen afrikanischen Stämmen verbreitet ist.

In der Tat verspüren stillende Mütter oft eher das Verlangen, sich ihrem Mann wieder hinzugeben, als die nichtstillenden. Es mag dies für viele eine Weise sein, dem Vater ihres Kindes ihre Dankbarkeit und Liebe zu zeigen. Gleichzeitig teilen sie dann mit ihrem Kind das Erlebnis väterlichen Schutzes. Der Mann aber erfährt, indem er seine Frau »stillen« darf, selbst Stillung und Frieden und braucht sein Kind nicht mehr darum zu beneiden. Dieses gegenseitige Stillen ist vielleicht die tiefste Dimension der Gemeinsamkeit von Mann und Frau während dieser Zeit.

Stillen und Empfängnisregelung

Auf die schwerwiegende Frage der Empfängnisregelung während der Stillzeit gibt es allerdings noch keine einhellige Antwort. Die medizinische Forschung braucht auf diesem Gebiet die Hilfe stillender Mütter.

Es ist wissenschaftlich erwiesen, daß es das Saugen des Kindes an der Mutterbrust ist, das den Eisprung verhindert. Solange kein Eisprung stattfindet, kann keine neue Empfängnis eintreten. Allerdings ist dies nur der Fall, wenn die Mutter das Kind v o l l stillt. Das heißt, sie muß es 6—8mal am Tag anlegen und darf ihm keine weitere Beinahrung geben. Außerdem darf das Kind nicht dauernd einen Schnuller zum Saugen bekommen. Unter dieser Bedingung sind die ersten drei Monate mit Sicherheit ohne Eisprung.

In der Regel ist bei stillenden Frauen die erste wieder auftretende Blutung eine sogenannte Abbruchblutung — eine Blutung ohne vorhergehenden Eisprung.

Afrikanerinnen, die gemäß ihrer Sitte ihrem Mann erst nach der ersten Menstruation wieder Geschlechtsgemeinschaft gewähren, haben mir oft gesagt: »Ich habe meine Regelblutung, als das Baby zu laufen begann, nur einmal feststellen können und war dann schon wieder schwanger.« Was war geschehen? Ausgerechnet in der Zeit, in der sie durch das Stillen ohnehin nicht empfängnisfähig waren, hatten sie keinen Verkehr. Gerade dann aber, als die erste Ovulation einsetzte, nahmen sie die Beziehung zu ihren Männern wieder auf und — wurden prompt schwanger. Ob es nicht mancher europäischen Mutter auch so ergangen ist?

In Ergänzung zu dem, was ich im 3. Kapitel sagte, lassen sich folgende Richtlinien aufzeigen:

Die n i c h t vollstillende Frau muß mit der Möglichkeit einer Empfängnis ab der siebten Woche rechnen. Sie soll drei Wochen nach der Entbindung mit dem Messen der Aufwachtemperatur wieder beginnen und nicht damit warten, bis die erste Blutung eingesetzt hat.

Die v o l l stillende Frau soll etwa acht Wochen nach der Entbindung mit dem Messen der Aufwachtemperatur beginnen und auf die bekannten Symptome der Ovulation achten: schleimig-elastischer Ausfluß und Mittelschmerz. Da die Periode anfänglich oft unregelmäßig ist, ist die Beobachtung dieser Symptome besonders wichtig. Erst wenn diese Symptome verschwunden sind, die Temperatur gestiegen ist und mindestens drei Tage bei einem höheren Wert bleibt, sind mit Sicherheit unfruchtbare Tage gegeben.

Über die Tage v o r dem Eisprung während des Stillens

weiß man zur Zeit noch zu wenig, so daß in diesem Teil des Zyklus Enthaltsamkeit geraten ist. Das Arztehepaar Billings aus Australien behauptet allerdings, daß die sogenannten »trockenen« Tage vor dem Eisprung, wo die Frau keinen Zervixschleim beobachten kann, mit Sicherheit unfruchtbar sind.[29]

Stillen und Beruf

Aus allem, was ich bisher über das Stillen schrieb, sollte eigentlich schon hervorgehen, daß sich das Stillen und die Ausübung eines Berufes nicht miteinander vereinigen lassen. Viele denken, solange das Kind noch klein ist, kann man es eher von einer anderen Person betreuen lassen. Wenn es älter wird, brauche es dann die Mutter mehr.

Genau das Umgekehrte ist wahr. Gerade das Kleinkind braucht die Mutter ganz und ungeteilt, braucht ihre ununterbrochene Nähe und Anwesenheit. Für das Baby ist die Mutter durch nichts und niemanden zu ersetzen, auch nicht durch die liebste Großmutter.

Wenn Säuglinge und Kleinkinder täglich wie Störenfriede der Verdienstmöglichkeiten von Hand zu Hand gereicht werden, können seelische Schäden entstehen, die später eine kostspielige psychiatrische Behandlung nötig machen, die weit mehr kostet, als die Mutter je verdienen konnte. Sie zahlt einen hohen Preis.

Statt sich zu schämen, wenn sie sagt, sie sei »Nur-Hausfrau« oder besser »Nur-Mutter«, soll sie stolz darauf sein und wissen, daß sie durch Verzicht auf ihren Verdienst der Gesellschaft einen Dienst leistet, der nicht hoch genug veranschlagt werden kann.

Um zu unterstreichen, was ich mit diesem Dienst meine, möchte ich hier noch einmal Christa Meves zu Wort kommen lassen:

»Die Familie heute ist durch die Möglichkeiten zu veränderter Lebensweise neuerdings mehr und mehr bedroht. Der erste Schritt hierzu wurde primär wohl durch die Erfindung brauchbarer Ersatzpräparate der Muttermilch getan — denn sie machten es möglich, daß die jungen Mütter bald nach der Geburt von ihren kleinen Kindern fort zur Arbeit gehen konnten. Ein Heer von jungen Frauen tut das heute, viele, weil sie unbedacht in eine Schwangerschaft geraten sind, ehe das Nest fertig war, und um den Lebensstandard zu erreichen, den das ungeschriebene Gesetz der Konsumgesellschaft nun einmal vorschreibt; einige aus echter Not, die meisten, weil ihre Wissenschaftsgläubigkeit groß ist und ihr Horchen auf das innere Gefühl ungeübt blieb oder mißachtet wurde, das richtige Gefühl nämlich, bei ihrem hilflosen Kind bleiben und es nicht fremden Personen — auch der Schwiegermutter nicht — überlassen zu wollen, sondern für es dazusein, solange es auf Hilfe angewiesen ist. Psychagogen und Psychotherapeuten sind mittlerweile so weit, dieses Gefühl für das Richtige auch wissenschaftlich untermauern zu können. Wir wissen heute, daß Kinder im Säuglingsalter sich an die Person binden, die sie versorgt, daß sie dieser gehorchen, sie nachahmen und aus Liebe zu ihr Verantwortungsgefühl und Gewissen entwickeln können; wir wissen, daß diese wertvollen Steuerungsfaktoren herabgemindert werden und ganz ausfallen können, wenn die Bezugspersonen in der ersten Lebenszeit dauernd wechseln. Daß (sittliche) Gefühlswerte, wie Liebe, Dankbarkeit, Pflichtgefühl, soziale Zuwendung bei einer großen Anzahl von Jugendlichen nicht mehr vorhanden sind, hat seine Ursache außerordentlich häufig im Fehlen einer ursprünglichen Mutter-Kind-Beziehung in der ersten Lebenszeit und läßt sich in extremen Fällen — z. B. bei den jugendlichen Straffälligen — meist geradlinig nachweisen. Viele dieser Kinder treibt es nämlich später geradezu suchtartig zum Diebstahl, wobei ihnen selbst unbewußt bleibt, daß unbestimmte Neid- und Rachegefühle vermischt sind mit dem Drang, sich doch noch das zu suchen, was sie nicht bekamen: die gleichmäßige, unaufhörliche Zuwendung ihrer Mutter. Auf diese Weise erfahren wir generell nicht nur eine Einbuße an sittlicher Kraft; es wächst zunehmend auch die Gefahr, daß das Gefühl für Familie, für ihre Notwendigkeit, ihren

Wert ganz schwindet, so daß es zu neuen Modellvorstellungen kommt: der Kommune, der Ehe auf Zeit, der unvollständigen Familie, d. h. der Aufzucht unehelicher Kinder durch die Mutter allein, und anderer Vorschläge zur Polygamie.«[28]

Unter den Müttern in Amerika ist dieses »Gefühl für das Richtige« heute im Erwachen. Dort wird das Stillen der Kinder neuerdings von einer beachtlichen Frauenbewegung, der La Leche League (der sich viele Akademikerinnen angeschlossen haben), propagiert. Ihre Mitglieder entdecken nach vielen Irrwegen wieder, was die afrikanischen Mütter schon lange wußten: Wer nicht stillt, hat sich um eine Möglichkeit gebracht, mit Freuden Frau zu sein.

Freilich gilt wohl auch hier: Noch so kluge Argumente, seien sie nun psychologischer oder biologischer Art, können einer Frau das »Gefühl für das Richtige« nicht vermitteln und diese Dimension des Frauseins nicht eröffnen. Die Kunst des Stillens hat ihre Wurzel wohl letztlich in dem Frieden, den eine Mutter in Gott findet.

In den Psalmen wird dieser Frieden durch das Bild des Kindes ausgedrückt, das gestillt und sattgetrunken und in diesem Sinne »entwöhnt« an der Brust der Mutter ruht:

»Ich habe mein Herz beruhigt und gestillt;
wie ein entwöhntes Kind an der Mutter Brust,
so ruht entwöhnt mein Herz in mir.« (Ps. 131,2)

6. Kapitel

Das Klimakterium – eine Chance zum Neuanfang

Das Klimakterium — die sogenannten Wechseljahre — bedeuten nicht verlorene Weiblichkeit, sondern im Gegenteil: Wiedergefundene, neuentdeckte Weiblichkeit. Die Freude am Frausein erhält noch einmal eine neue, unerwartete Dimension. Der Lebenswechsel ist nicht das Lebensende.

Viele Frauen meinen das. Mit gebannter Angst starren sie dieser Zeit entgegen und geben, sobald die ersten Anzeichen auftreten, alle Hoffnung auf, auch sich selbst. Sie lassen sich auch in ihrer äußeren Erscheinung gehen. Kurz: Sie werden alt anstatt reif. Und es gibt nur diese zwei Möglichkeiten.

Um aber reif zu werden — und was gibt es Schöneres als eine reife Frucht? — stellt sich jetzt die Aufgabe der Selbstannahme und Selbstbejahung noch einmal mit ganzem Ernst. Jetzt, auf diesem Höhepunkt des Lebens, ist es nun erst recht wichtig und möglich, bewußt und gern eine Frau zu sein, wie es Dr. Marion Hilliard ausdrückt: »Der Wechsel beginnt mit 45, aber das Leben mit 50.«

»Sie sind aber schön!« sagte ein junger Mann zu einer weißhaarigen Dame. — »Warum auch nicht?« kam die Antwort, »schließlich bin ich 73!«

Wie jedes Lebensalter, so hat auch die Zeit nach dem Klimakterium ihre besondere Schönheit.

Zunächst müssen wir verstehen, was körperlich in uns Frauen vorgeht. Die Produktion des Weiblichkeitshormons geht zurück und die des Mütterlichkeitshormons hört fast ganz auf. Hingegen kommt es zu einer vermehrten Ausschüttung von keimdrüsenwirksamen Hormonen, was übrigens zu einer vermehrten geschlechtlichen Ansprechbarkeit führt.

Dieser Vorgang tritt meist in den Jahren zwischen 45 und 50 auf. Manche Frauen — es sind etwa zwei Drittel

— spüren davon überhaupt nichts, andere leiden mehr oder weniger unter Schwermut, Schlaflosigkeit, Kopfschmerzen und Hautveränderungen. Erinnerungslücken treten auf, und die gefühlsmäßigen Reaktionen werden stärker.

Vor allem aber werden viele Frauen von einer großen Müdigkeit erfaßt. Es gibt drei Lebensabschnitte, in denen die Frau besonders müde ist: während der Pubertät, während der ersten drei Monate der Schwangerschaft und während der Wechseljahre.

Die Wechseljahre sind kein Verlust und deshalb kein Anlaß zur Schwermut, die immer irgendwie mit einem Verlustgefühl zusammenhängt. »Alles ist wie vorher«, sagte mir einmal eine Frau nach dem Klimakterium, »nur noch schöner, weil keine Periode mehr stattfindet.«

Zu dem, was in dieser Zeit schöner werden kann, gehören auch die ehelichen Beziehungen. Mit dem Aufhören der Hormonproduktion hat das sexuelle Verlangen nichts zu tun. Dieses kann, wie gesagt, jetzt sogar viel stärker sein. Es gibt Frauen, die erst in der Zeit nach dem Klimakterium zu voller Freude am Liebesakt gelangen.

Diese Freude, nicht nur am Liebesakt, sondern am Leben überhaupt, hängt natürlich von der Haltung ab, die die Frau während und nach den Wechseljahren zu sich selber und zu diesem Lebensabschnitt einnimmt. An dieser Haltung gilt es zu arbeiten. Was die Frau jetzt am allerwenigsten braucht, ist Mitleid und schon gleich gar nicht Selbstmitleid. Hingegen braucht sie viel Humor, spielerische Heiterkeit und die Fähigkeit zu lachen, auch über sich selbst. Sie muß wissen, daß sie eine Hochebene der Beständigkeit erreichen darf, auf der sie sich wie nie zuvor auf ihren Körper, ihre Willenskraft und ihre Stimmungen verlassen kann.

Zu dieser Arbeit an sich selbst gehört vor allem, daß sich die Frau jetzt nicht »gehen läßt« — der Ausdruck trifft genau —, sondern »zu sich kommt«, sich festhält und umarmt. Dazu gehört, daß sie sich geschmackvoll kleidet und eine gesunde Selbstachtung bewahrt. Anne Morrow Lindbergh sagt: »Vielleicht kann man wenigstens in reiferen Jahren, wenn nicht schon früher, ganz man selber sein. Wie erlösend wäre das!«

Vor allem muß sie jetzt sehr auf ihr Gewicht achten. Dieses hängt von drei Faktoren ab: von ihrer Veranlagung, der Nahrungs- und Flüssigkeitsmenge, die sie zu sich nimmt, und von ihrer körperlichen Betätigung. Die Versuchung, weniger zu tun und mehr zu essen, ist jetzt besonders groß. Tägliches Schwimmen und Spazierengehen sind bessere Vorbeugungsmittel gegen Herzkrankheit als die Einnahme von Hormon-Präparaten.

Der Müdigkeit aber muß sie unbedingt nachgeben und sich vermehrt Schlaf und Ruhe gönnen, auch wenn sie berufstätig ist. Sie muß sich klarmachen, daß sie jetzt durch eine Art umgekehrte Pubertätszeit geht, in der sie nur etwa zwei Drittel der ihr sonst zur Verfügung stehenden Energie besitzt. Deshalb siegt im Kampf zwischen einem willigen Geist mit hohen Zielvorstellungen und einem erschöpften Körper immer der Körper — es sei denn, daß dessen Ruhebedürfnis befriedigt ist.

Dazu ist nicht nur Schlaf nötig, sondern ab und zu einmal ein Tag völligen Ausspannens, vielleicht an einem anderen Ort, eine Sauna, ein guter Friseur, eine geruhsame Tasse Kaffee in einem schönen Restaurant und ein anregender Abend mit Freunden oder ein Konzert. Das sind Hilfen, die in ihrer Bedeutung nicht unterschätzt werden sollten, und die die berufstätige Frau sorgfältig in ihr Wochenende einplanen sollte.

Die größte Hilfe aber ist eine Aufgabe, die sie herausfordert, der sie sich ganz hingeben kann und die ihr das Gefühl des Gebrauchtwerdens und Wachsens vermittelt. Eine solche Aufgabe könnte es zum Beispiel sein, sich jüngerer Frauen anzunehmen und ihnen ihre Erfahrungen weiterzugeben, so wie es Paulus an Titus schreibt: »Ermahne die älteren Frauen, sich in ihrer Haltung würdevoll zu benehmen, nicht klatschsüchtig zu sein, nicht dem übermäßigen Weingenuß ergeben, Lehrerinnen des Guten, damit sie die jungen Frauen zu besonnener Pflichterfüllung anleiten, nämlich ihre Männer und ihre Kinder zu lieben« (Titus 2,3.4). Sie soll Herz und Augen für ihre Umwelt öffnen und wissen, daß, je älter sie wird, der Mensch neben ihr immer wichtiger wird.

Stellt sich die Frau einer Aufgabe, die sie ausfüllt, dann verliert plötzlich das Wort »Wechseljahre« seinen bedrohlichen Klang. Das Klimakterium wird zur Möglichkeit eines Neuanfangs und eines gesteigerten Lebensgefühls, gerade weil man jetzt fähig ist, das Leben nüchterner und realistischer zu beurteilen, es nicht mehr zu überschätzen und so sich selbst zu überfordern.

In ihrem Aufsatz »Lebenswende« sagt Dr. Agathe Bürki: »Krise ist Übergang, Wende, Geburt zu etwas Neuem. Die Zukunft, die Gott gibt, wird erweitert, ein neues Stück davon muß realisiert werden. Das Neue wird angeboten, aber es kostet einen Preis: Das Alte muß losgelassen werden. Es geht nicht mehr in die Weite, sondern in die Tiefe. Eine andere Dimension muß an Gewicht gewinnen.«[30]

Zur Verwirklichung dieses Zieles macht sie folgende konkrete Vorschläge:

— Lebensgewohnheiten ändern. Es ist an der Zeit, einmal die Möbel zu erneuern oder wenigstens die Wohnung umzustellen. Bereitsein für Neues heißt nicht nur entgegennehmen, sondern auch darauf zugehen.
— Großaufräumen. Alte Bücher, Andenken und Briefe, die ihre Bedeutung verloren haben, sollten vernichtet werden. Der Ballast, der abgeworfen wird, schafft Raum für Neues. Es soll nur das bleiben, was den Test der Zeit und des inneren Abstandes besteht.
— Dem sich meldenden Nachholbedarf, so weit es möglich ist, nachgeben. Die Traumreise sollte, wenn die Umstände es erlauben, unternommen werden. Vielleicht ist da ein alter kindlicher Wunsch, der noch immer in der Seele brennt — man sollte ihn erfüllen, damit man in Wirklichkeit darüber hinauswächst und ihn ganz ablegen kann. Vielleicht wird man dann von manchen alten, liebgehaltenen Träumen entdecken, daß die gar

nicht so gut ›schmecken‹, wie sie es versprechen. Es gibt Träume, die froh und hell machen, aber auch solche, die Quelle ständiger Unzufriedenheit geworden sind — diese sollten allmählich ausgeschaltet werden.

— Verbindungen pflegen, erneuern oder aufnehmen. In den Jahren maximaler Arbeitsleistung kommen die freundschaftlichen Beziehungen oft zu kurz. Man braucht aber Menschen, um zu geben und zu empfangen. Der Leib Christi, die Gemeinde, zu der ich gehören darf, in der jeder das Geben und Nehmen lernen und üben kann, wird einen neuen Stellenwert bekommen.

— Das Alleinsein üben. Nur wer allein sein kann, ist zu wirklicher Gemeinschaft fähig. Es ist nicht immer leicht, sich selbst zu ertragen. Lesen, basteln, Musik hören, sticken, stricken, malen ... Auch die Bibel muß man allein lesen und studieren können und die Zwiesprache mit Gott in der Einsamkeit der Zweisamkeit wagen.

— Zuletzt muß auch die Möglichkeit ins Auge gefaßt werden, daß eine Frau nach jahrelangem Leiden und Kämpfen feststellt, daß sie allein mit bestimmten Problemen nicht fertig wird. An der Lebenswende ist es fällig, einen Menschen zu suchen, dem man das Verborgene öffnen kann und der hilft, Befreiung und Ordnung zu finden.«[30]

Diesen letzten Vorschlag möchte ich am Schluß dieses Buches durch ein persönliches Zeugnis unterstreichen. In Krisenlagen meines Lebens hat mir stets Beichte und Zuspruch der Vergebung am meisten geholfen. Indem ich das Angebot Gottes in Christus annahm: »Kommet her zu mir alle, die ihr mühselig und beladen seid, ich will euch Ruhe geben«, wurde es mir immer wieder neu geschenkt, mich als Frau voll anzunehmen.

SCHLUSSWORT

Vielleicht wird sich mancher nach der Lektüre dieses Buches als gescheitert betrachten. Denen, die so empfinden, möchte ich zum Schluß zwei Dinge sagen:

Ich konnte dieses Buch nur schreiben, weil ich selbst durch viel Scheitern hindurchgegangen bin.

Zum andern gilt gerade für die Gescheiterten die Botschaft, daß Jesus Christus uns erlöst h a t. Wir können diese Erlösung nicht an uns reißen, aber wir dürfen die leeren Hände aufhalten und sie empfangen.

Gott kann nur leere Hände füllen. Wer aber die leeren Hände ausstreckt, der erlebt ein Beschenktsein, auf das er nur mit tiefer Dankbarkeit antworten kann. Alles was wir tun können, ist, um es mit einem Wort von Hilde Domin zu sagen: »Dem Wunder leise wie einem Vogel die Hand hinhalten.«

LITERATURVERZEICHNIS

Einführung

1 Rainer Maria Rilke, Briefe an einen jungen Dichter, Insel-Bücherei
2 Romano Guardini, die Annahme seiner Selbst, 5. Aufl. Würzburg 1969
3 Paul Tournier, Geborgenheit, Sehnsucht des Menschen, Bern 1969
4 Marie-Paul Défossez, Vivre au Féminin, Paris 1971

1. Kapitel

5 Ancelle, Bis sich der Einklang ergibt, Graz 1967
6 Theodor Bovet, Die Ehe, Tübingen 1967
7 Walter Trobisch, Liebe ist ein Gefühl, das man lernen muß, Tween 2001
8 Rudolf Affemann, Geschlechtlichkeit und Geschlechtserziehung in der modernen Welt, Gütersloh 1970
9 Leah Schaefer, Modern Woman, Her Psychology and Sexuality, Springfield 1969
10 Joseph und Louis Bird, The Freedom of Sexual Love, New York 1967
11 Ronald Deutsch, The Key to Feminine Response in Marriage, New York 1973
12 Christophe Baroni, Mais avec Amour, Nyon 1971

2. Kapitel

13 R. L. Dickinson in American Journal of Obstetrics and Gynecology 14 (1972) S. 718—730
14 Th. H. van de Velde, Die vollkommene Ehe, 77. Aufl., Rüschlikon 1967
15 A. C. Kinsey, Das sexuelle Verhalten der Frau, Berlin 1963
16 Josef Rötzer, Kinderzahl und Liebesehe, 7. Aufl. Wien 1972
17 ders. Menschenbild, Sexualität und Ehe, Frankfurt 1969
18 Contraception — an International Journal, Bd. 5, Los Altos 1972, S. 327—338
19 Amour et Famille, Fiches Documentaires du Centre de Liaison des Equipes de Recherche, Nr. 71, Paris 1972

Lehrbücher in englischer und französischer Sprache können von jenen Ehepaaren, die diese Methode erlernen und weitergeben wollen, bestellt werden bei:
Serena, 55 Parkdale, Ottawa K/Y/E 5 Canada.
Amour et Famille, C. L. R. 22 Rue Montgolfier, Paris 3 e, Frankreich

3. Kapitel

20 Margaret Liley u. Beth Day, Moderne Mutterschaft, Goldmanns gelbe Taschenbücher 2874
21 Maria Veith, Wochenstubenbüchlein, Stuttgart (vergriffen)
22 Geraldine Lux Flanagan, Die ersten neun Monate des Lebens, rororo Taschenbuch Bd. 6605

4. Kapitel

23 Helen Wessel, Natural Childbirth and the Christian family, New York 1973
24 Ingrid Mitchell, Wir bekommen ein Baby, rororo Taschenbuch 6698
25 Newletter 23, National Childbirth Trust, London, Spring 1973

5. Kapitel

26 Gunter Clauser, Die moderne Elternschule, 3. Aufl., Freiburg 1970
27 Christa Meves und Joachim Illies, Lieben, was ist das? Herder Bücherei 362
28 ders., Manipulierte Maßlosigkeit, Herder Bücherei Bd. 401
29 John und Lynne Billings, The Ovulation Method, Melbourne 1972 (4. Auflage)
30 Agathe Bürki, Lebenswende, aus Arbeit und Stille, Bad Salzuflen, Heft 138, 1972
31 Marion Hillard, A Woman Doctor looks at Love and Life, London 1957

Edith Schaeffer

Mit Phantasie und Liebe

Von der Kunst, den Alltag zu verschönern

Deutsch von Irmgard Muske. 176 Seiten, 9 Illustrationen,

Paperback (Oncken)

Anhand vieler Beispiele zeigt die Autorin, wie man mit Kleinigkeiten die Atmosphäre zu Hause gemütlicher und schöner gestalten kann, damit auch hier etwas von Gottes Liebe zum Menschen spürbar wird. Edith Schaeffer versucht dabei bewußtzumachen, wie stark die Umgebung die seelische Verfassung des Menschen beeinflußt. Unsere Aufgabe als Christen ist es, die Welt für unsere Mitmenschen so „heil“ und im wahrsten Sinne des Wortes „schön“ zu machen, wie es eben geht. Denn Gott hatte ursprünglich eine **schöne** Welt geschaffen; lediglich wir Menschen haben sie zerstört.

Die Autorin liefert viele wertvolle Ideen, die darauf warten, in die Tat umgesetzt zu werden.